顾客参与价值共创对服务评价的影响及其机制研究

——基于顾客感知自我表达的视角

THE PSYCHOLOGICAL IMPLICATION OF COSUMERS' VALUE CO-CREATION BEHAVIOR AND ITS IMPACT ON SERVICE EVALUATION

王　夏◎著

U0812594

经济管理出版社
ECONOMY & MANAGEMENT PUBLISHING HOUSE

图书在版编目（CIP）数据

顾客参与价值共创对服务评价的影响及其机制研究/王夏著．—北京：经济管理出版社，2019.11

ISBN 978-7-5096-6929-7

Ⅰ.①顾… Ⅱ.①王… Ⅲ.①顾客—影响—服务业—服务质量—评价—研究 Ⅳ.①F719

中国版本图书馆 CIP 数据核字(2019)第 256285 号

组稿编辑：张永美
责任编辑：魏晨红
责任印制：黄章平
责任校对：王淑卿

出版发行：经济管理出版社
（北京市海淀区北蜂窝 8 号中雅大厦 A 座 11 层 100038）
网　　址：www.E-mp.com.cn
电　　话：（010）51915602
印　　刷：三河市延风印装有限公司
经　　销：新华书店
开　　本：720mm×1000mm/16
印　　张：10.25
字　　数：136 千字
版　　次：2020 年 4 月第 1 版　　2020 年 4 月第 1 次印刷
书　　号：ISBN 978-7-5096-6929-7
定　　价：58.00 元

·版权所有　翻印必究·
凡购本社图书，如有印装错误，由本社读者服务部负责调换。
联系地址：北京阜外月坛北小街 2 号
电话：（010）68022974　　邮编：100836

目 录

1 引 言

1.1 研究背景

近年来，随着市场经济尤其是服务业的飞速发展，消费者在市场交易中的地位有了根本的提高。消费者在市场交易过程中不再局限于获得与消费最终的商品或服务，而是越来越多地参与到服务的生产与传递过程中，扮演着更为积极主动的角色，如兼职的员工、共同的生产者、共同的创造者以及产销合一者等。顾客参与服务生产与传递过程这一现象也正逐渐成为广大营销者以及营销实践者、管理者共同关注的热点话题。值得注意的是，顾客参与服务生产或传递不仅意味着消费者地位与角色的转变，更意味着价值创造模式的转变——消费者成为价值的共同创造者及最终决定者（Vargo 和 Lusch，2004）。一些学者进一步强调，动员顾客成为商品或服务的共同生产者、价值的共同创造者，正是发掘企业核心竞争力新源泉的关键（Bendapudi 和 Leone，2003）。相对于被动接受服务，主动参与服务过程的顾客有可能实现对服务体验与价值创造的重塑，从而转变对服务的看法及最终评价。因此，对于“顾客参与/消费者参与”（Customer Participation/Consumer Participation）

这一问题的深入考察不仅有助于探索更有效的服务，还能提供服务模式和发现有价值的创造模式，从而提升服务企业的市场表现以及在市场竞争中的核心竞争力——这也正是本书的出发点。

然而，受传统生产理念与成本控制理论的影响，早期涉及顾客参与的研究更多的是从企业的角度出发，探讨顾客参与为企业带来的益处（如减少企业的成本投入、提升服务的生产率等），却很少关注顾客在参与过程中的感知及其对参与的反应。更重要的是，以往研究对于顾客参与感受的忽略很容易给营销实践者提供错误的启示，从而使其做出不利于企业长远发展的决策（如把顾客当作兼职的员工，无偿利用他们的劳动与资源）。因此，企业还应该站在消费者的角度重新审视与顾客参与相关的问题，包括顾客参与服务的动机以及他们能从参与过程中得到的利益与价值等。对于竞争市场的服务企业，尤其是提供体验型服务的企业，服务的质量取决于消费者的服务体验，而消费者的服务体验又受到服务生产模式的影响。然而，服务企业是否能够通过设置及改进参与环节从而改善消费者的服务体验及其最终的服务评价仍是一个亟待解答的问题。对于这一问题的解答依赖于对消费者参与行为的深入理解以及对其影响机制的准确把握——这也正是本书的着眼点。

从消费者的角度而言，参与服务的生产或传递并不仅仅是为了获得经济或功利的利益。然而，以往的文献很少探讨顾客在参与过程中可能获得的象征意义与价值，从而难以解释顾客对于参与结果（即共同创造的商品或服务）的感官反应与情感依赖。鉴于消费者的判断、评价与行为不仅会受到功利因素的影响，而且也会受到主观体验与象征意义的影响，本书认为有必要深入探讨顾客参与行为对于其心理层面意义的构建及其如何影响顾客对于服务的体验及评价。在文献分析与实践探索的基础上，本书提出，顾客参与的潜在象征意义还在于有助于顾客实现自我表达。例如，顾客在婚纱摄影服务中的参与有助于更好地表达他们的个性与独特形象。另外，顾客在房屋装修服务中的参与，通常也是为了更好地彰显内在自我、个人身份以及个人独特性等。因此，消费者有可能将参与服务视作一种表达自我的途径。此外，本书认为，相对于被动接受服务的消费者，主动参与服务的消费者对于服务的体验更加丰富与深刻，自我介入程度的提升通常也伴随着更为强烈的情绪与情感的反应。因此，参与服务的顾客更容易获得心理层面的满足以及自我奖励。不同于其他的经济利益或实用功能，感知的自我表达是顾客从参与过程中所能获得的额外的、无形的、抽象的益处。因此，在缺乏外在利益引导的情况下，顾客的参与行为仍然有可能通过基于自我表达与感知乐趣的心理机制对后续服务评价产生影响。本书将对此推测进行深入的探讨以及实证检验。

综上所述，本书从消费者心理感知的角度出发，一方面着重于探究顾客在参与服务过程中的内心感受以及从参与中获得的心理启示，另一方面也将考察顾客在服务参与中所形成的感知与认知会如何影响他们对服务的评价。据此，本书试图解决以下四组研究问题：第一，顾客在服务生产及传递过程中的参与是否会影响其心理层面的感知？相对于没有参与的情形，顾客在参与过程中是否会感知到更强的自我表达？第二，顾客在参与过程中形成的心理感知会如何影响其后续的评价，包括消费者满意度评价、感知价值、对服务企业的评价等。第三，哪些情境因素会增强相关心理机制的作用，从而增强顾客参与对后续评价的影响？第四，与参与相关的情境因素是否会进一步调节参与成本对顾客后续评价的影响？如果是，基于顾客象征性收益的心理机制如何在其中发挥作用？

1.2 研究意义

1.2.1 理论意义

本书的理论意义主要体现在以下三个方面：

第一，现有文献对于顾客参与的探讨更多的是基于企业的角度，基于消费者角度，尤其是消费者心理感知角度的研究仍显不足。作为对前人研究的扩展和补充，本书将从消费者心理感知的角度出发，深入探讨参与商品或服务共同生产给顾客带来的心理意义与影响，及其对消费者后续评价的影响。基于参与过程中感知的自我表达，本书提出了新的心理机制用于解释顾客参与行为对服务评价的影响。基于这两种路径的心理机制有助于说明，即使顾客参与没有对应任何的经济利益或功能利益（如更低的价格、更快捷的服务等），它仍然有可能影响消费者对商品或服务的评价。

第二，前人对顾客参与行为这一话题的探讨大多止步于概念层面或理论层面，缺乏相关实证数据的支持。尽管前人的研究已经认识到顾客参与可能有助于满足自我表达的需求及个人对独特性的需求（Etgar，2008），但目前仍然缺乏经验数据的支持。基于此，本书将采用实证分析的方法来验证相关的推测与假设。相信实证研究的结果与发现将对顾客参与领域文献形成有益补充。

第三，本书有助于调和现有研究中存在的分歧与争议。关于顾客参与对其服务评价的影响，现有研究中存在不一致的看法与结论，而本书通过引入参与自主性、参与的公开可见性、消费目标等情境因素，有助于在一定程度上调和现有研究中的争议：为什么在一些情况下，参与服务的顾客比没有参与的顾客更加满意；而在另一些情况下，是否参与服务对于顾客满意度不存在明显影响。本书指出，参与商品或服务共同生产的顾客并不总是比没有参与的顾客更加满意。反之，顾客参与（vs. 没有参与）对于其服务评价的影响会受到情境因素的调节。

1.2.2 实践意义

随着服务业的快速发展，顾客在服务过程中的参与越来越常见，而关于顾客参与行为的研究与营销实践的联系也日渐紧密。因此，除了理论贡献，本书也将为服务企业管理者提供一定的实践指导意义。

对于营销实践者而言，了解顾客在参与过程中的心理感知及其对服务评价的影响有助于改善服务的提供模式和消费者参与的方式。相对于商品的生产，服务的生产更为灵活也更注重顾客体验，而顾客在服务生产过程中的参与能直接作用于他们的服务体验，因此，顾客更有可能在参与的过程中感知到与自我相关的抽象意义。本书希望借助于对顾客感知自我表达的刻画与强调，呼吁企业管理者转变引导和管理顾客参与行为的理念与模式，不要只是将参与服务的顾客视作企业的兼职员工、一味地索取和利用他们的劳动，而是应该鼓励顾客跟随自己的意愿与内心想法参与服务的生产与传递，从而丰富他们在参与过程中情感体验，同时增强他们在参与过程中感知的自我表达。顾客在服务参与中感知与体验有助于价值的共同创造以及服务满意度的提升，从而同样有益于服务企业的市场表现，最终实现“双赢”的局面。

相对于有形的商品，服务通常具有无形性与异质性；因此，顾客在评价服务时更倾向于依据情境线索，尤其是当服务非常难以评价，或者评价取决于顾客个人的体验与理解时，情境因素的作用就更为凸显。因此，当越来越多的顾客参与到服务的生产过程时，服务企业的管理者有必要结合不同的情境、针对不同类型顾客之间的差异提前做好应对方案。本书对于一系列影响顾客参与体验的情境因素的鉴别，有助于服务企业管理者利用环境线索更好地设置与设计顾客参与的环节，改善顾客在参与过程中的体验，强化参与行为对于顾客自身的意义与价值。

另外，企业管理者不仅需要关注顾客从参与服务中获得的潜在益处，还需要特别关注顾客在参与服务中投入的努力。尽管投入越多的顾客有可能获益也越多，但在很多情况下顾客在参与过程中的努力或付出并不一定能转化为价值，甚至会削弱他们的价值感知。因此，企业管理者不仅应该鉴别影响顾客参与体验及感知的情境因素，而且应该针对特定的服务情境改进顾客参与的方式，从而增加他们在参与中的收益、减少为此付出的成本。

1.3 研究方法

本书所采用的方法主要涉及以下几种：

第一，文献分析法。运用案头研究，搜索营销学、社会学和心理学等多个领域的相关文献资料，搜索主题包括顾客/消费者参与、价值共创、定制、感知的自我表达等。采用文献分析法对国内外现有研究成果进行系统梳理与归纳，提炼出已有研究的发展脉络与存在的不足。

第二，消费行为实验法。这是本书的主要研究方法，这种方法可以通过实验控制排除不相关变量后，科学考察变量之间的因果关系。实验法的优点是可以真正验证因果关系，从而实现本项目的学术贡献和理论意义。在运用实验法对本项目提出的各个假设进行验证时，笔者还将对同一自变量采用多种操纵方法，同时对同一因变量采用多种测量方法，以提高实验结果的内在有效性。对于实验法收集到的数据，通过配对 t 检验、方差分析（ANOVA）、Bootstrapping 检验（Hayes，2013）等统计分析方法进行假设检验。此种研究方法在本书中的运用主要体现在两个方面：①消费行为预实验：根据研究框架和相关的研究假设，设计消费者参与的具体情境，并依据关键的自变量进行组间因子设计，设置不同的实验组，并尽可能地保障不同组之间只在关键自变量的水平上存在差别，而在其他方面则尽可能保持一致，从而排除干扰因素的影响。小规模招募大学生被试者并进行随机分组，根据其实验的参与结果，一方面验证实验情境是否为被试者熟悉并且真实可信，另一方面检验不同组之间的差别是否只是由于关键自变量的影响。若结果不理想，将对实验情境进行修改或重新设计。②消费行为主实验：在预实验的基础上，确定实验的情境和最终的量表。消费行为实验主要用于检验本书研究中核心变量之间的因果关系，如顾客参与（vs. 不参与）及参与程度（低 vs. 高）对感知自我表达的影响，顾客在参与过程中感知的自我表达对服务评价的影响。本书将采用组间因子设计的思路，以消费者参与为主要自变量，以服务评价为主要因变量，并依次结合不同的情境调节因素，设计一系列的消费行为实验。每次实验均需要招募相应规模的被试，并且在较为可控的环境中（即行为实验室）展开。在实验过程中，被试者将被随机分配到不同的实验组，面对及体会不同的参与情境，并根据相应的量表对实验情境做出评价。就实验收集到的数据进行统计分析，验证相关研究假设。如有需要，再次进行补充研究。

第三，问卷调查法。问卷调查法将作为对实验研究法的辅助和补充。一方面，为了考察正式实验中使用的材料和量表是否合理，需要进行小规模的问卷调查，检验实验材料的可信度和有效性以及相关量表的信度与效度，并根据调查结果对实验设计进行修正。另一方面，鉴于实验中主要采用操控的方式侧重对变量之间因果关系的考查，因此还需要通过同时考量多种因素从而更贴合真实情境、增加样本的多样性和覆盖面等大规模实证调研对实验结果的外部有效性进行检验。此种研究方法在本书中的运用主要体现在两个方面：①小规模问卷调查与量表开发：遵循量表开发的基本流程编写条目，设计顾客参与、感知自我表达及服务评价等关键变量的量表。然后采取小规模问卷调查，检验量表的信度和效度，并根据检验结果，进行量表的修订工作，指导量表的信度和效度达到理想水平。②实地调查法：不同于封闭、可控的实验室研究，实地调查法不仅有助于更真实地反映消费者在服务过程中的参与行为及其对服务评价的影响，而且也有助于更深刻地探讨在复杂的现实情境中多个变量之间的联系。本书将选取具有代表性的服务行业以及服务消费者，通过较大规模问卷调查的方法，更及时、全面地捕捉现实的参与情境、消费者在实际参与过程中的心理感知以及他们在参与后的反应与评价，使研究的发现与结果具有更强的外部效度。

2 理论基础与文献概述

2.1 价值共创理论

近年来，作为营销管理的核心内容，价值创造的研究视角从价值的单独创造向共同创造转变，价值共创成为当前理论和实践研究的重点。传统的价值创造观植根于产业经济的假设和模型，是基于商品主导逻辑的价值创造观（Goods－dominant Logic）。在此逻辑中，企业和顾客在价值创造中独立扮演着不同的角色，企业是价值的创造者，顾客是价值的使用者，企业创造价值并在价值链上线性传递给顾客（Normann 和 Ramírez，1993）。因此，商品价值由企业决定和创造，而顾客作为商品最终的购买者只能被动地接受由企业定义的价值。然而，随着市场竞争环境的变化以及服务业的快速发展，消费者在市场交易中扮演的角色及其地位有了根本的变化。消费者在市场交易过程中的卷入不再仅仅局限于获得与消费最终的商品或服务，而是越来越多地参与到服务的生产与传递过程中，扮演着更积极与主动的角色，例如，兼职的员工（Partial Employees）、共同生产者（Co－producers）、共同创造者（Co－creators）以及产销合一者（Prosumers）等（Keh 和 Teo，2001；Mills

和 Morris，1986；Vargo 和 Lusch，2004；Xie 和 Etgar，2008；Bagozzi 和 Troye，2008）。

基于此，服务主导逻辑（Service Dominant Logic）认为，价值是由企业与顾客共同创造的；企业不能脱离顾客谈价值，顾客是价值的最终决定者也是价值的共同创造者（Vargo 和 Lusch，2004；Lusch 和 Vargo，2006）。与价值共同创造变化趋势相关联的是，传统以企业和产品为中心的价值创造观逐渐转变为以顾客及其体验为中心的价值创造观。消费者与企业两个系统在信息交换和互动中逐步交互融合，由过去相对割裂的、封闭的、被动的关系转变为融合的、开放的、主动合作的关系。由此，价值共创的研究开始受到关注并不断发展。Grönroos（2011）进一步指出，生产制造商创造的是潜在价值，顾客创造的使用价值（Value - in - Use）才是真实价值，通过企业和顾客的直接互动将有助于企业成为真实价值的共同创造者。Grönroos 和 Ravald（2011）基于服务逻辑，提出五个有关价值创造的命题：第一，营销的目标是支持顾客价值创造；第二，商业的根本是创造相互价值；第三，顾客是价值创造者；第四，企业的基本角色是价值促进者，但企业与顾客在互动过程中，可以成为价值共同创造者；第五，服务提供者不仅提供价值主张，在与顾客显著的互动中，也有助于价值实现。

与服务主导逻辑强调的使用价值稍有不同，另一部分学者基于顾客体验的视角强调个性化的体验价值是顾客参与共同创造的核心价值。Lengnick - Hall（1996）和 Wikström（1996）强调顾客消费体验是价值创造的最后和关键活动。Prahalad（2000）和 Ramaswamy（2004）认为，顾客体验是价值的基础，顾客和企业互动是价值共创的核心。他们强调，企业和顾客都是价值创造的主体，通过不断互动和持续的对话共同创造个性化体验，价值共创贯穿于企业与顾客互动和顾客体验形成的过程。尤其在于，共创体验高度依赖个体，个体的特性将会影响共同创造的过程和共创体验，没有个体的参与，企业将不能创造任何价值。企业与顾客互动是共同创造价值的基本方式，价值共创通过顾客和企业之间的异质互动而形成，因此，价值共创是超越传统供需关系中介的顾客和企业的互动与合作，企业的关注点应转向顾客和企业之间互动的质量和为顾客营造个性化体验的互动环境。这一理论也被认为是基于顾客体验视角的价值共创理论（Payne 等，2008）。

近年来，国内学者也围绕价值共创的相关议题展开了大量研究。武文珍和陈启杰（2012）对消费者体验和服务主导逻辑视角价值共创进行了比较，构建了由生产者逻辑和消费者逻辑构成的价值共创过程模型。钟振东等（2014）基于服务主导逻辑分析了价值共创中企业和顾客的角色，构建了一个企业和顾客互动的价值共创模型。这些研究对早期价值共创研究进行了系统的探析，从顾客和企业二元关系探讨价值共创问题，为价值共创的后续研究提供了理论指导。简兆权等（2016）基于对国内外相关文献的梳理指出，价值共创理论的早期思想萌芽于共同生产（Co－production），并且经历了顾客体验、服务主导逻辑、服务逻辑、服务科学和服务生态系统等多个发展性的研究视角。

2.2 顾客参与的含义与类型

2.2.1 顾客参与的含义

在服务营销领域的学者通常认为，服务的生产与消费是同时进行的或者说不可分离的，因此消费者在服务生产过程中的出现必不可少（Lovelock 和 Young，1979；Zeithaml 等，2006）。Lovelock 和 Young（1979）的研究指出，顾客有能力承担原本属于企业员工的工作，从而减少了企业员工的工作量及企业的成本。顾客参与意味着本属于企业员工的工作从组织内部转移到顾客手中。概括而言，顾客参与通常被定义为顾客卷入服务生产与传递过程的程度（Dabholkar，1990）。本书对于顾客参与的界定也沿用了这个一般意义上的定义。大量实证研究表明，顾客有能力参与共同生产一系列的商品与服务，如书架（Bendapudi 和 Leone，2003）、新产品开发（Fang、Palmatier 和 Evans，2008）、理财（Auh 等，2007；Chan、Yim 和 Lam，2010）、在线服务（Yi、Nataraajan 和 Gong，2011）、互联网服务交付（Groth，2005）等。从行为学的角度理解，顾客参与描述的是为了实现服务的生产与传递，消费者所需要投入或付出的体力与智力劳动（Silpakit 和 Fisk，198）。另外，也有学者认为，顾客参与描述的是顾客为了实现服务的生产与传递而采取的一系列行为以及提供的一系列资源（Rodie 和 Kleine，2000）。从这个角度来看，顾客参与反映了顾客所拥有的足以影响服务传递实质与顺序的能力及资源（Goodwin 和 Radford，1993）。

在服务主导逻辑和共创价值模式下，顾客参与行为呈现出新的特点：

第一，顾客成为操纵性资源，而非被操纵性资源参与价值共创。在产品主导逻辑下，顾客作为“兼职员工”参与到企业的服务生产与传递中，顾客参与是协助企业顺利完成价值创造与交付的一种方式，顾客是被操纵资源，因而，参与的范围有限，选择权力较小。在服务主导逻辑和价值共创视角下，顾客成为操纵性资源。作为价值创造主体，顾客将自己的知识、技能、体力与智力等独特资源投入到企业价值创造系统中，为价值创造系统赋予自己的意愿、认知、情感和经验，因此，参与行为更具创造性。

第二，在价值共创模式下，顾客参与行为更具有主动性和话语权。在现代化信息技术和后现代消费文化推动下，顾客更有动力自由地表达和主动实现自己的主张，在交换中承担多样化的角色，如能力和资源的提供者、质量控制者、共同设计者、共同生产者、共同营销者和共同互动者等。顾客正在从“被动的观众”转变为“主动的创造者”。同时，作为价值共同创造者，顾客在与企业的交互中掌握了更多决定权，不仅可以自行开发新产品，将其创意和偏好融入新产品中，一些企业甚至将选择产品进入市场的权力交给消费者。

总而言之，共创价值视角下的顾客参与行为与传统意义上有所不同，价值共创模式以及顾客角色的变化为有关顾客参与行为的研究提供了新的背景。

2.2.2 与顾客参与类似的概念

2.2.2.1 联合生产（Co - production）

联合生产（或合作生产）是和消费者参与类似的一个概念，两者通常可以作为同义词使用。联合生产这一概念最早是由 Normann 和 Ramirez（1993）提出的，用于描述供应商与消费者合作完成商品的生产过程这一现象。在服务主导逻辑中，联合生产被界定为消费者参与核心产品的生产（Lusch 和 Vargo，2006）。联合生产意味着，为了生产核心产品，消费者向企业提供相关的信息、自己完成某些事项（如共同设计产品外观）或使用企业提供的工具和技术自助服务等。在联合生产模式中，部分生产任务或工作从企业内部转移给了顾客。联合生产的极端形式是自助服务（Self - service）。在自助服务中，顾客利用企业提供的工具、设备或系统等，自己完成相关的事项，从而实现商品或服务的生产（Lovelock 和 Wirtz，2007）。自助服务的例子包括顾客使用 ATM 机自助取款、在宾馆利用相关的系统自己办理入住手续、利用因特网实现远程教育或在线查询等（Meuter 等，2000）。

共同创造（Co - creation）这一概念类似于联合生产，但联合生产是基于生产的角度而言，而共同创造是基于价值的角度而言。传统的价值创造观点认为，价值由企业创造，然后在市场上与顾客进行价值交换。然而，随着研究的推进，Lusch 等学者（1992）首先提出了顾客参与价值共同创造的可能性及相应的理论框架。此外，Normann 和 Ramirez（1993）在研究中进一步强调，企业开展商业活动的目标不应该局限于为顾客创造价值，而应该是动员消费者成为价值的共同创造者。不同于传统的观点，服务主导逻辑认为，价值始终是由企业与消费者共同创造的，不能脱离消费者谈价值，因为消费者是价值的创造者及最终决定者（Lusch 和 Vargo，2006）。与价值共同创造变化趋势相关联的是，过去以企业或产品为中心的价值创造观正在转变为以经验为中心的共同创造价值观。允许每一名顾客与公司合作、分享经验、价值共同创造，实现高质量的交互融合，正是挖掘企业核心竞争力新源泉的关键。产品虽为人造，但随之创造出来的还有一种给顾客独特的体验。Prahalad 和 Ramaswamy（2004）在研究中强调，顾客所扮演的角色不仅限于商品的联合生产者，更重要的角色是价值的共同创造者。与价值共同创造的认识类似，后现代的观点认为，消费者参与定制属于自己的世界（Xie、Bagozzi 和 Troye，2008）。此外，Lusch 和 Vargo（2006）认为，联合生产发生在先于商品使用的生产阶段，而价值共同创造不局限于商品的生产过程，也可以发生在商品的使用阶段及消费阶段。因此，从这个意义上来看，不管消费者有没有参与商品或服务的生产过程，他们始终是价值的共同创造者。

2.2.2.2 定制化（Customization）

定制化意味着顾客面对的选择集进一步得到了扩展——不仅能选择现有的商品，还可以介入商品生产过程打造有别于现有选项的商品（Etgar，2008）。值得注意的是，联合生产与定制化两个概念并不完全等同。具体而言，联合生产需要顾客在商品或服务的生产或传递过程中扮演相应的角色并实际承担一定的工作，而定制化的实现可以不需要顾客的参与而完全由企业展开（Peppers 和 Rogers，1993）。企业主导的定制可以通过不同的方式展开，可以收集顾客的偏好数据并对其加以分析，从而向特定顾客提供与其偏好更加匹配的商品，也可以向顾客提供更全面的零件菜单，令他们可以根据自己的实际需要选择不同的零件并组合为理想的商品（Dellaert 和 Dabholkar，2009）。

2.2.3 顾客参与的程度

根据顾客参与程度的不同，Meuter 和 Bitner（1998）将服务生产区分为三种不同的模式：一是企业生产（Firm Production）模式，即服务完全由企业及其员工生产提供，顾客没有参与；二是共同生产（Joint Production）模式，即服务的生产由企业员工与顾客共同完成；三是消费者生产（Consumer Production）模式，即服务的生产与提供完全由顾客完成，过程中没有企业员工的参与。类似地，在 Song 和 Adams（1993）看来，服务生产有两种极端形式：一是完全由服务企业及其员工提供的全方位服务模式，二是完全由顾客自己实现服务生产的全自助模式。对于企业而言，顾客参与意味着服务的共同生产或者顾客自助生产（Bendapudi 和 Leone，2003；Reinders、Dabholkar 和 Frambach，2008）。

在不同的服务类型中，顾客扮演着不同的角色，从而参与的程度往往也会有所不同。Bitner 等学者（1997）的研究指出，低参与程度意味着顾客只是出现在服务传递过程中，如在航空和快餐等服务业中；中等参与程度意味着顾客在服务生产过程中有所投入，如在美容美发等体验型服务中；高参与程度意味着顾客能够合作创造服务产品，如在医疗、健身和咨询等服务业中。顾客参与程度的不同也意味着所承担角色及贡献不同：低参与程度的顾客通常被视作一种生产资源，他们为服务的生产提供了信息等资源，从而确保自己最终获得所需要的服务；中等参与程度的顾客通常被视作贡献者，他们的参与能够影响服务的质量，从而也为最终的满意度与感知价值承担了部分责任；而高参与程度的顾客则可能被视作服务企业的竞争者，他们能够通过自己生产服务去替代服务的购买，从而对服务企业的存在也会构成一定的威胁。

2.2.4 顾客参与的类型

首先，可以按照顾客参与的阶段区分。顾客在服务过程中的参与可以发生在以下不同的阶段：①服务的界定与设计阶段。②服务的生产阶段，使用各种投入生产及实现服务。③服务的消费阶段。顾客在服务界定与设计阶段的参与有助于确保服务的有效度（Validity），而他们在生产阶段的参与则有助于提升服务的可靠度（Reliability）（van Raaij 和 Pruyn，1998）。类似地，近年来的实证研究也认为，顾客参与行为可以区分为参与服务生产（消费者只需投入体力劳动即可完成）以及参与服务设计（需要消费者分享信息或投入脑力劳动）（Atakan、Bagozzi 和 Yoon，2014；Dong，2015）。此外，还有一部分学者的研究集中于探讨顾客在服务补救阶段的参与行为（陈可和涂平，2014；彭艳君，2015；Guo 等，2016；Hazée、Vaerenbergh 和 Armirotto，2017）。近年来，也有一些学者开始探讨顾客在新服务开发阶段的参与行为，即顾客参与服务创新（卢俊义和王永贵，2011）。

其次，可以按照顾客参与的具体维度区分。Kellogg 及其同事（1997）认为，消费者参与是确保服务质量与消费者满意的一系列行为，包括准备（Preparation）、建立关系（Relationship Building）、交换信息（Information Exchange）以及介入（Intervention）四个维度。而 Ennew 和 Binks（1999）的研究认为，顾客参与这一宽泛的概念实际包含了三个具体的维度，即信息分享（Information Sharing）、责任行为（Responsible Behavior）与人际互动（Personal Interaction）。类似地，Le 和 Thuy（2016）的研究将顾客参与行为区分为信息分享、责任行为以及自愿的角色内反馈行为（Voluntary in－role

Feedback）三个维度。Harris 及其同事（2001）将消费者参与区分为知识共享、有利行为及约定行为等不同的维度。另外，Chan 及其同事（2010）将消费者参与行为区分为三个维度，即提供与分享信息、提供建议与意见以及参与决策。针对我国消费者的研究认为，消费者在服务过程中的参与行为包含了事前准备、信息交流、合作行为和人际互动四个具体的维度（彭艳君，2010）。

最后，还能按照参与任务的性质区分。Dong 和 Sivakumar（2017）的研究认为，依据参与任务的核心控制权以及重要性，顾客参与行为可以区分为三种不同的类型：强制型（Mandatory）参与意味着只有顾客本身能实施该行为而且该参与行为是确保服务得以提供的关键；可替代型（Replacable）参与意味着尽管该行为对于服务的提供很重要，但该行为既可由顾客完成也可由企业或其员工完成；而志愿型（Voluntary）参与意味着该项行为不是确保服务所必需的，但却有助于提升服务表现。

2.3 影响顾客参与的因素

在现有的文献中，影响服务业中顾客参与行为的因素主要包含两类变量：一类是与企业相关的因素；另一类是与消费者个人相关的因素。

2.3.1 企业层面的因素

从企业的角度来看，强化顾客转变为企业兼职员工的动机与能力是促成顾客参与的关键。作为最直接与最常见的方式，企业管理者可以通过提供相应的经济奖励或物质奖励从而增强顾客的参与意愿。Bitner 及其同事

（1997）的研究指出，为了使顾客更好地参与服务生产，企业需要分辨应该与顾客共享的信息、有效的奖励形式以及开发有效的培训途径。在培训、教育顾客的过程中，企业管理者不仅要提高顾客参与服务生产与传递的能力，而且更应该强化他们对于该企业独特生产过程的认识与理解（Eisingerich 和 Bell，2006）。企业的氛围也是影响顾客参与意愿的重要因素，当顾客感觉到消极的企业氛围时，他们参与的意愿也会随之降低。相反，顾客如果能感受到企业提供的支持则能够增强他们主动参与的意愿（Wu，2011）。Ahn 和 Rho（2016）的研究指出，企业与顾客的关系及互动也会显著影响顾客的参与意愿。此外，企业一线员工与顾客的互动行为，包括个人层面的互动、关系型互动以及授权型互动，也是驱使顾客参与行为的重要因素（Hau、Tram Anh 和 Thuy，2017）。

2.3.2 消费者个人相关的因素

从消费者的角度来看，以往的研究发现，与个性相关的一系列因素会显著影响消费者的参与意愿，包括个人的好奇心、创新意识、自我意识以及自我效能感等（Dabholkar 和 Bagozzi，2002；Meuter 等，2005；贾薇等，2011）。其中，Heidenreich 和 Handrich（2015）的研究尤其强调了个人的创新特质在技术型服务类型中对顾客参与意愿的重要影响。此外，影响顾客参与意愿的个体差异因素还包括消费者后天所受的教育、掌握的知识、所处的文化环境、以往参与的经历与经验、惯性以及对于人际互动的需求等（Auh 等，2007；Lusch、Vargo 和 O'Brien，2007；Meuter 等，2005；Etgar，2008）。Meuter 及其同事（2005）的研究指出，以上这些与消费者个人有关的因素能够提炼为参与准备这一因素（包括消费者的角色清晰度、动机以及能力三个层面），参与准备决定了消费者参与的意愿。不仅如此，参与准备（Participation Readiness）还会进一步影响顾客参与的成效，只有高水平的参与准备才能确保参与行为对顾客满意度及感知服务质量的积极影响（Dong 等，2015）。从个人动机的角度而言，Rodie 和 Kleine（2000）的研究表明，顾客的参与意愿取决于他们预期的能从参与过程中获得的益处或收益，包括生产效率的提升、效果的改善以及情感方面的益处等。Pires 及其同事（2015）的研究认为，驱使顾客参与的动机主要在于对服务价值，尤其是使用价值的关注。顾客所持有的与参与相关的信念（如参与能够确保商品与服务质量、价值以及自身满意等）能够更进一步强化他们作为生产者的角色与贡献（Bitner 等，1997）。从理性决策的角度来看，顾客参与服务过程的意愿不仅取决于他们对于参与所持的看法与态度，包括感知风险以及对采用相关技术的焦虑等（Dabholkar 和 Bagozzi，2002；Meuter 等，2005）。

2.4 顾客参与的影响结果

2.4.1 顾客参与对服务企业及其员工的影响

顾客在服务生产与传递过程中的主动参与行为，使本属于企业员工的劳动与任务转移到他们手中，从而成为企业的“兼职员工”（Keh 和 Teo，2001）。由于顾客的劳动替代了企业员工的劳动，顾客参与有助于提高企业的生产力与运作效率，从而有助于改善服务企业的市场表现与业绩（Lovelock 和 Young，1979；Mills、Chase 和 Margulies，1983）。国内外的相关研究指出，顾客参与有助于降低劳动成本，提高服务企业的生产效率（Gummesson，1998）。此外，顾客参与行为有助于巩固企业与顾客的关系，从而降低服务企业的顾客流失率（Revilla - Camacho、Vega - Vázquez 和 Cossío - Silva，

2015)。

在知识密集型服务企业中，顾客参与能够促进服务解决方案的开发，并且可以提高开发项目的成功概率，从而增强企业的运营效率，最终帮助企业获得市场竞争优势（Bettencourt 等，2002）。Martin 等（1999）也认为，顾客参与服务创新过程的程度能够影响到创新的成功率。基于服务过程中知识转移的视角，一些学者指出，顾客参与有助于提升服务企业的创新绩效（卢俊义和王永贵，2011）。

此外，顾客参与对于企业内部的员工也会产生一定的影响。顾客在服务过程中参与的范围越广，意味着越多的工作从企业员工手中转移给顾客，从而减轻了企业员工的工作负担（Larsson 和 Bowen，1989）。当顾客参与有助于减轻员工工作负担并满足其关系需求时，顾客参与会对员工工作满意度及忠诚度产生积极的影响，从而实现双赢的局面（Chen、Chen 和 Lin，2015）。然而，Hsieh 及其同事（2004，2005）发现，当顾客越发积极主动参与服务生产时，其地位的提高及对服务过程施加的干预会使企业员工感觉到更高的工作负荷及更大的工作压力。近年来的研究也支持了这项观点，认为顾客参与会削弱企业员工的权力与控制、增加他们工作投入的不确定性并造成他们对于角色预期与需求的冲突，从而导致员工工作压力的提高及工作满意度的降低（Chan、Yim 和 Lam，2010；Yi、Rajan 和 Gong，2011）。

2.4.2 顾客参与对其服务评价的影响

2.4.2.1 基于认知层面的评价

依据服务主导逻辑，顾客在服务过程中的参与有助于提升其对服务价值尤其是使用价值（Value – in – use）的感知与认定（Pires、Dean 和 Rehman，2015）。Le 和 Thuy（2016）将顾客在参与过程中获得的价值进一步区分为过程价值与结果价值。Chan、Yim 和 Lam（2010）的实证研究结果表明，顾客在理财服务中的参与有助于经济价值与人际价值的创造，从而有助于服务满意度的提升。其中，经济价值的提升主要源于更好的服务质量、服务的定制、控制的提升等，而人际价值的提升主要源于更愉快的人际互动以及获得的人际支持等。Guo 等（2016）针对服务补救阶段的研究进一步表明，顾客参与有助于提升过程控制、结果控制以及信息控制，从而更有利于补救过程中的价值共创与服务体验。

由于顾客的参与使得服务生产创造出了更大的价值，从价值共同创造的机制出发，不难理解早期文献中顾客参与对服务评价的积极影响。例如，Lengnick - Hall 及其同事（2000）的研究表明，顾客参与对于服务满意度具有正向的影响；随着顾客参与程度的提高，他们对于服务的满意度也会提升。Dellande 及其同事（2004）针对医疗服务的研究也发现，当病人越是按照医生的建议和意见有效完成服务中的参与任务时，不管服务的结果如何，病人对于医疗服务的满意度均会提升。此外，顾客参与的正向影响效应还会作用于后续服务评价，如顾客感知的服务质量、重复购买意向、口碑与推荐以及顾客忠诚度等方面（Cermak、File 和 Prince，1994；Lengnick - Hall、Claycomb 和 Inks，2000；Beatson、Coote 和 Rudd，2006；Auh 等，2007；Merlo、Eisingerich 和 Auh，2014；Guo 等，2016）。Hazée 及其同事（2017）针对服务补救阶段的研究也指出，顾客参与有助于使其获得更有利的服务补救方案，从而提升其满意度及再次购买意愿。

2.4.2.2 基于归因机制的评价

尽管顾客参与通常会带来服务价值的提升，但同时也会影响其自身对于服务结果的归因，这也正是顾客参与并不总是带来积极影响的原因。例如，Bendapudi 和 Leone（2003）的研究发现，由于顾客倾向于将成功归因于自己，而将失败归因于外在条件，面对同样的服务结果，参与者的满意度明显低于没有参与者的满意度，即顾客参与对其满意度评价产生了负面的影响。

此外，相对于没有参与服务过程的顾客或低程度参与者，高程度参与者更可能将服务失败归因于企业或企业员工。

对于服务失误情境中顾客的归因及评价问题，目前学术界存在两种截然相反的观点。一种观点认为，在服务过程中高度参与的顾客会把不满意的结果归于他们自己而不是服务提供者。例如，Van Raaij 和 Pruyn（1998）认为，若顾客对服务投入较高，成为服务的共同生产者，会改变他们看事物的眼光，将自己看成商家的一部分，若发生服务失误时更倾向于从商家的角度出发，认为这种失败是由外在环境造成的，而非商家的责任。Heidenreich 及其同事（2015）的研究表明，高度参与的顾客更倾向于将服务失败进行内在归因，并且会因此感到愧疚。另一种观点是与自我服务偏见相一致的视角，即高度参与的顾客更可能把服务失败归于公司和一线服务提供者，而不是他们自己。此外，基于社会交换理论，高度参与的顾客在服务中既耗费货币成本，也耗费非货币成本。当从交换中得到的结果与他们的投入成比例时，交换被认为是公平或公正的；然而，当顾客的高投入遭遇公司的低产出（如失误或失败）时，他们会将原因归因于企业或员工。Yen 等（2004）的实证研究也支持了这种观点，发现由于顾客的参与，无论服务是成功还是失误，顾客都会进行归因；尤其是在服务失误的情境中，高度参与的顾客会将服务失误的责任更多地归因于服务提供者。因此，服务失败会加剧参与者对服务企业的不满意程度。国内学者彭艳君（2011）在实证研究中也发现，高度参与的顾客更倾向于将服务失误归因于服务企业或服务提供者，而低参与程度的顾客则更倾向于将服务失误归因于自己或第三方，归因倾向的不同造成了服务失败后顾客满意度不同程度的变化。

2.4.2.3 基于心理感知层面的评价

早期的文献指出，消费者不仅预期从商品或服务的购买中获得满足某些功能的实用型利益，而且也预期从中获得感官刺激的、虚幻的及情感的体验

（Havlena 和 Holbrook，1986）。相对于实物商品，服务的生产过程与消费过程通常被认为具有不可分离性。因此，消费者在服务过程中的体验尤其是情感体验会直接影响他们对服务的评价。望海军（2009）等国内学者在研究中指出，顾客参与是通过强化他们在服务过程中正向的情感体验以及感知控制，从而对其满意度产生了积极的影响。Stevens 等（2017）的研究进一步指出，顾客在参与过程中积极的情感体验源于感知控制与参与程度的交互效应。由于自身的参与，顾客在服务过程中通常会获得更强烈的感官体验及更深刻的情感体验。近来的研究指出，顾客在服务生产与传递过程中的参与会对其最终的感官评价产生影响，如更强烈、积极的视觉体验与味觉体验等，甚至令其产生爱的感觉（Norton、Mochon 和 Ariely，2012；Troye 和 Supphellen，2012）。此外，在价值共创过程中，角色内的参与行为还有助于提升消费者的幸福感（Hsieh 等，2016）。

究其更深层次的原因，顾客在参与过程中更为深刻的情感体验可能源于自我意识的唤醒。相对于被动的接受者，主动参与服务生产过程的顾客有机会塑造或区分属于自己的独特体验（Prahalad 和 Ramaswamy，2004），同时赋予这项参与任务以更多的与个人相关的象征意义。因此，在参与过程中的体验是消费者塑造个人身份及实现自我表达的一项重要来源与资源（Etgar，2008）。现有研究结果表明，顾客参与服务联合生产时会感知到自己与生产结果之间的心理关联，主要表现为感知的自我整合（Perceive Self - integration）（Troye 和 Supphellen，2012）。尤其在于，创造性地参与联合生产不仅能强化内在的动机，而且也有助于增强自我表达的感觉及自豪感（Etgar，2008；Jia 和 Wang，2007）。Atakan 等（2014）的研究认为，相对于在服务实现阶段的参与，顾客在设计阶段的参与有助于自我身份的表达，从而强化他们的认同感及情感承诺。

然而，顾客参与的过程并不总是带来积极的情绪体验，尤其是在服务失败的情境中（Heidenreich 等，2015）。在缺乏控制感的情境中，顾客参与会对顾客满意度产生相反的影响。例如，强制消费者采用以技术为依赖的自助服务模式会使他们对服务企业产生负面的态度（Reinders、Dabholkar 和 Frambach，2008）。当然，不仅是由于控制感的缺失，在参与过程中伴随产生的焦虑感或挫败感、过度劳累感等都会加剧负面态度的形成，最终对顾客的服务评价造成不利影响（Valenzuela 等，2009；Nzengue、N'Goala 和 Kreziak，2012）。

2.5 小结与展望

本书对顾客参与相关研究的梳理不仅有助于理解顾客参与这一概念的内涵、前置因素与影响结果等，同时也有助于从不同的视角（即不同的作用机制）看待顾客参与行为对其服务评价的影响，而且还有助于探明已有研究尚存在的不足和未来的研究方向。

首先，尽管以往的研究已经认识到顾客参与的重要性并从不同的角度解释了它可能产生的影响，但其中大部分文献，尤其是早期的文献对于这一问题的研究只局限于概念层面或理论层面的探讨（Kelley、Donnelly 和 Skinner，1990）。此外，受传统生产理念与成本控制理论的影响，涉及顾客参与的早期研究更多的是从企业的角度出发、探讨顾客参与为企业带来的益处（Lovelock 和 Young，1979；Mills、Chase 和 Margulies，1983），却很少关注顾客在参与过程中的感知及其对参与行为的反应。然而，当企业将顾客视作“兼职的员工”、利用其劳动时，顾客参与意味着顾客为服务的生产付出了更多的时间及精力，因此，他们很可能陷入自我归因的偏见以及在完成困难任务时感到焦虑，从而形成了对企业的负面态度（Bendapudi 和 Leone，2003；Reinders、Dabholkar 和 Frambach，2008；Moreau、Bonney 和 Herd，2011）。因此，早期研究对于消费者感受的忽略很容易给营销实践者提供有误的启示，从而使其做出不利于企业长远发展的决策。

其次，尽管近年来的研究开始从消费者的角度理解顾客参与行为及其影响，并且指出参与服务生产或传递过程的顾客能获得更多的好处，如经济利益和功能利益等（Chan、Yim 和 Lam，2010）。然而，消费者的判断、评价及行为不仅会受到功利因素的影响，而且也会受到主观体验与象征利益的影响（Liang 和 Wang，2004），因此，未来的研究有必要进一步探讨顾客参与行为对于他们自身的心理意义与象征意义及其如何影响顾客对于服务的评价。尤其在于，在外部利益或经济利益缺失的情况下，相应的心理机制是否足以补偿顾客在参与过程中付出的努力（成本），从而使他们仍能从参与过程中获得正向的价值。

此外，现有研究对于顾客参与效应的论述仍存在很多不一致的地方，例如，既有一部分研究发现顾客参与会对其满意度及服务质量评价等产生积极的影响，也有一部分研究得出截然相反的结论。通过对相应文献的梳理可以推测，顾客对于自身参与行为的理解与解释并不是固定不变的，而是取决于特定的情境背景。因此，未来的研究有必要考虑情境因素（如顾客参与的自主性等）对于顾客参与效应的调节作用，并且提炼哪些情境有助于激活（vs. 抑制）顾客参与转化为正向价值的心理机制。

3　顾客参与价值共创与自我表达

3.1　研究假设

3.1.1　顾客参与价值共创对感知自我表达的影响

从消费者的角度而言，参与服务生产并不仅仅是为了获得经济或功利的利益。然而，以往的文献很少探讨顾客参与对于他们自身而言所赋予的心理影响与意义（Etgar，2008；Troye 和 Supphellen，2012）。基于此，本书提出，顾客参与的潜在象征意义还在于有助于参与者实现自我表达。例如，顾客在婚纱摄影服务中的参与有助于更好地表达他们的个性与独特形象；另外，顾客在房屋装修服务中的参与，通常也是为了更好地彰显他们的内在自我（如优雅的君子）、个人身份（如单身男士）、个性（如热情的）以及个人独特性等。不同于其他的经济利益或实用功能，感知的自我表达是顾客从参与过程中获得的一个额外的、无形的、抽象的益处。此外，基于自我表达的独特心理机制也将进一步影响顾客对服务的评价。

现有的研究指出，消费者擅长发掘并提炼商品、服务以及品牌中所包含或传递的象征意义（Chernev、Hamilton 和 Gal，2011）。同时，消费者也会主动地将内在的自我投射到这些物品中，从而赋予其与个人相关的象征意义（Belk、1988；Troye 和 Supphellen，2012）。有关顾客参与行为的研究指出，顾客参与服务生产过程并不仅仅是为了获得经济的或功能的利益。相对于被动的接受者，顾客更愿意发挥自己的主观能动性，主动创造商品的象征意义，从而实现对自我概念的扩展与延伸（Belk，1988；Prahalad 和 Ramaswamy，2004；Norton、Mochon 和 Ariely，2012；Troye 和 Supphellen，2012）。例如，顾客可以通过参与商品或服务的生产创造属于自己的独特体验。然而，相对于参与服务的经济价值与实用价值，以往的文献中很少探讨顾客在参与过程中可能获得的心理启示及其对服务评价的影响（Etgar，2008；Troye 和 Supphellen，2012）。因此，针对现有研究的薄弱之处，本书旨在从消费者心理感知的角度出发，深入探讨顾客参与的象征意义及潜在影响。

广义而言，能够自由地表达自己的想法和意见是个人主义文化或西方文化体系中的一个重要方面（Kim 和 Drolet，2003；Kim 和 Sherman，2007）。通过自我表达行为，人们能够将自己内在的想法与意见投射到外部世界，从而使个人的思想与情感在社会中的其他人看来是具体的、切实的及可被认知的（Kim 和 Sherman，2007）。例如，作为自我表达的具体方面，人们可以通过在车上张贴标语或者参与民主投票等行为表达自己的政治意见。通过这些行为，消费者主动展示了自己的内在属性与特征，例如个人偏好、信仰以及价值观等。因此，从广义上而言，自我表达被定义为对个人特性的主张或声明（Merriam - Webster，2006），也是对自我个性的表达（Walker 和 Olson，1991）。从狭义上而言，在市场营销领域，自我表达的消费行为指的是与消费者自我概念或构成“自己是谁”的具体信念保持一致的消费行为（Dalton，2008）。

在消费行为学领域的研究中，自我表达通常源于人们对于强调独特个人身份的需求，也常用于描述一件物品的抽象功能。具体而言，消费者选择并使用特定商品的一个抽象功能在于向其他人展示自己的个人特性（Solomon，2010）。例如，消费者所穿的衣服在一定程度上能够抽象地表达他（她）是一个怎样的人。基于这一抽象功能，可表达性（Expressiveness）通常用于形容消费者所感知到的特定商品或服务反应或表达消费者社会身份与个人身份的能力（Thorbjornsen、Pedersen 和 Nysveen，2007）。越是能够表达及主张个人独特身份的商品，消费者对它的情感依赖也越强烈。相对于标准化的商品，消费者通常从定制化的商品中感知到更高程度的自我表达（Khoddami、Moradi 和 Ahmadi，2011）。类似地，在关注品牌的研究中，自我表达通常被定义为：消费者所感知到的某个特定品牌反映个人内在自我或社会自我的程度（Carroll 和 Ahuvia，2006）。

另外，自我表达也被视作一种个人的心理需求，并且，通过采取特定的行为能够使这一独特需求得以满足。具体而言，相对于直接用言语表达，消费者通常也可以通过采取一些行为或途径间接表达自己是一个怎样的人，从而形成自我表达的感知。例如，Berger 和 Heath（2007）的研究指出，消费者认为他们在独特性寻求行为（Uniqueness – seeking Behavior）中表达了自己独特的个人身份。此外，消费者在商品选择中的多样化寻求行为也是为了表达自己独特的个人特性（Kim 和 Drolet，2004）。另外，为了表达自我概念中社会自我的一面，消费者还倾向于采取与组内成员保持一致的行为并且避免组外成员行为（White 和 Dahl，2007；Berger 和 Rand，2008）。

近来的研究表明，自我表达的途径还包括消费者利用自己的能力获取定制化的商品，从而反映个人的偏好。换句话而言，除了通过对现有商品做出选择，消费者还能够通过参与商品定制这一途径反映出个人的自我概念与独特身份。而这类自我表达行为随着市场与企业的发展也日益普遍。例如，消费者可以设置或定制自己的手机铃声、电脑背景与信用卡外观等，还可以定制手机、电脑、T恤、跑鞋以及背包等。除此以外，服务情境为消费者参与打造自己的服务体验提供了更多机会，从而使他们从独特的服务体验中获取更多独特的价值（Prahalad 和 Ramaswamy，2004）。从后现代的角度来看，人们会不断地沟通他们从直接或间接体验中所领悟的意义，从而有助于塑造及强化个人的身份（Arnould 和 Thompson，2005）。对于参与服务，Belk（1988）在研究中指出，自己亲自创造服务体验是实现自我定义（Self - definition）与自我延伸（Self - extension）的重要途径。

相对于被动的接受者，主动参与服务生产过程的顾客有机会塑造或区分属于自己的独特体验（Prahalad 和 Ramaswamy，2004），同时赋予这项参与任务以更多的与个人相关的象征意义。因此，在参与服务过程中的体验是消费塑造个人身份及自我表达的一项重要来源与资源（Etgar，2008）。现有的研究结果表明，顾客在参与服务联合生产时会感知到自己与生产结果之间的心理关联，并且表现为感知的自我整合（Perceive Self - integration）（Troye 和 Supphellen，2012）。基于此，本书进一步推测，顾客有可能从服务参与过程中提取到有关自我表达的心理意义。

从另一个角度来看，顾客在参与服务联合生产时需要投入自己所拥有的资源（Arnould、Price 和 Malshe，2006），尤其是个人独一无二的体力资源与智力资源。以往的研究指出，顾客在参与过程中所投入的劳动、时间、身体接触以及心理卷入等最终促成了自己与参与结果之间的感情或情感联结（Etgar，2008；Franke、Schreier 和 Kaiser，2010；Norton、Mochon 和 Ariely，2012；Troye 和 Supphellen，2012）。尤其是当顾客认为对于某个事物所投入的关注、时间及努力中蕴含了自己的“精神能量”时，吸收这部分个人能量的物品通常也被视作自我的一个部分（Csikszentmihalyi 和 Rochberg - Halton，1981）。另外，也有研究指出，创造性地参与联合生产不仅能强化内在的动机，而且也有助于增强自我表达的感觉及自豪感（Jia 和 Wang，2007；Etgar，2008）。因此，基于顾客在参与服务生产过程中所投入的独特资源，参与过程同样也可能被视作一种自我表达的途径（Chernev、Hamilton 和 Gal，2011）。

传统上顾客参与维度的划分并无统一定论，本书借鉴前人的研究成果，结合共创价值模式下顾客参与行为的特点和对研究对象的深度访谈，将顾客参与行为划分为三个维度：①信息分享行为。是指顾客与服务提供者之间为确保完成共创价值而进行的持续不断的信息交换——持续的、双向的、互动性的“对话”是其基本特征，这些特征反映出顾客和服务提供者两主体的平等性。②合作行为。是指在价值创造的完整体系中，顾客通过投入操纵性资源和服务企业配合共同完成价值创造的行为。③共同决策。是指在价值共创活动中，顾客与服务提供者共同界定并解决问题的过程。在服务主动逻辑中，共同决策反映出共创价值的基本特征，即企业通过顾客授权战略，有意识地将一些本该由企业决策的内容交由顾客决策，顾客因此获得了更大的选择权、控制权和决策权，这就形成了共同决策的基础。顾客与企业在价值共创中共同决定参与领域、参与内容和参与方式，共同对“解决方案”进行选择和决策。共同决策成为共同创造价值背景下顾客参与的一个重要行为要素。

概括而言，本书将感知的自我表达定义为顾客所感知到的某项服务参与任务反应或表达内在自我、个人独特性及个人特性的能力。同时，笔者提出，不同于以往研究中涉及的经济利益、工具利益或其他利益，感知的自我表达是顾客能够从服务参与中获取的一个额外的心理益处。对这一潜在心理利益的探讨不仅有助于把握顾客对自身参与行为的理解以及成本—收益分析，同时也有助于预测顾客在参与后可能形成的服务评价。本书提出如下假设：

H1：顾客在服务过程中的参与行为对其感知的自我表达具有正向的

影响。

H1a：顾客在服务过程中的信息分享行为对其感知的自我表达具有正向的影响。

H1b：顾客在服务过程中的合作行为对其感知的自我表达具有正向的影响。

H1c：顾客在服务过程中的共同决策行为对其感知的自我表达具有正向的影响。

3.1.2 感知的自我表达对顾客满意度的影响

以往有关顾客参与行为的文献指出，顾客会根据在参与过程中获得的经济利益、实用利益乃至人际利益等对服务做出最终的评价。作为对现有研究的拓展与补充，本书将进一步探讨在缺乏上述利益引导时，顾客参与是否仍然会对其后续的服务评价产生影响。如果这种影响确实存在，是否由于基于感知自我表达的心理机制在其中发挥了中介作用。

顾客满意度（Customer Satisfaction）是顾客对服务展开评价的一个重要方面，同时也是衡量企业市场表现的一个关键指标。从理性认知的角度来看，顾客满意度通常取决于顾客预期结果与实际结果之间的差距（Parasuraman、Zeithaml 和 Berry，1988）。然而，也有研究指出，顾客满意度不仅包含理性的成分，也会不可避免地受到情感因素的影响（Oliver，1993）。因此，从广义的角度而言，满意度指的是顾客从消费商品或服务时所获得的愉悦的满足感（Oliver，1997）。从这个角度出发，前人的研究发现，顾客满意度会受到个体主观因素的影响，如正面的或负面的情绪、自我一致性及价值取向等（Ekinci、Dawes 和 Massey，2008；McDougall 和 Levesque，2000；Oliver，1993，1997）。其中，服务体验与自我的一致性涉及服务消费中的象征意义，而与自我相关的象征意义会对消费者的满意度评价产生影响（Ekinci、Dawes

和 Massey，2008）。

相对于有形的商品，服务具有无形性与异质性，因此，顾客在服务消费中感知的风险通常更高（Keh 和 Sun，2008；Murray 和 Schlacter，1990）。在很多服务中，顾客主动参与了服务的生产过程，并对服务结果产生了关键影响，从而最终影响了自己所获得的价值以及对于服务的满意程度（Bitner 等，1997）。正如前文所述，越来越多的研究结果表明，顾客满意度会受到主观因素的影响，尤其是服务体验对于顾客而言所具有的象征意义或心理价值（Ekinci、Dawes 和 Massey，2008；McDougall 和 Levesque，2000；Oliver，1993，1997）。因此，相对于被动的接受者，主动参与服务过程的顾客能够强化服务的自我表达功能，从而有可能获得更大的象征意义与心理满足，从而对服务更加满意。因此，本书提出如下假设：

H2：顾客在服务过程中感知的自我表达对其服务满意度评价具有正向的影响。

3.2 实证研究

3.2.1 研究一：顾客参与对感知自我表达的影响

3.2.1.1 研究设计

研究一采用消费行为实验这一方法对相关假设做出检验。本次实验采用了 2（顾客参与程度：低 vs. 高）×2（服务类型：理发服务 vs. 培训服务）的双因素组间设计。共有 124 名大学生参与了此次实验，其中 46.8%为男性，平均年龄为 20.7 岁。所有的实验参与者被随机分配到四个实验组中。

在理发服务组中，被试者首先阅读到的实验材料是关于消费理发服务的情境以及关于服务项目的简单介绍。其次本次实验通过让被试者阅读不同的情境，从而操纵了他们在服务过程中的参与程度。在低参与程度组，被试者需要阅读并想象的情境是他在服务开始阶段向服务人员（理发师）清楚地表明自己的年龄、职业身份以及自己喜欢的发型等信息，然后理发师在了解相关信息后为他提供了本次理发服务；在高参与程度组，被试者需要阅读并想象的情境是他在服务开始阶段向服务人员（理发师）清楚地表明自己的年龄、学生身份以及自己喜欢的发型等信息，并且在整个服务过程中多次与理发师共同做出决策，及时在每个步骤给予理发师反馈与建议，参与设计自己的发型。最后被试者需要对此项服务过程中感知到的自我表达做出评价，并回答一些有关操纵检验及人口统计信息的问题。

首先，在健身服务组中，被试者阅读到的实验材料是关于某健身俱乐部提供的半年期会员卡的情境以及关于该服务项目的简单介绍。其次，本次实验通过让被试者阅读不同的情境，从而操纵了他们在服务过程中的参与程度。在低参与程度组，被试者需要阅读并想象的情境是他在此项服务开始阶段向服务人员（健身顾问）清楚地表明自己的职业身份、身体状况、健身目的等信息，然后健身顾问在了解了相关信息后，为其设计一套（共7天，包括每天参与的健身项目及锻炼时间）健身方案；在高参与程度组，被试者需要阅读并想象的情境是他不但在此项服务开始阶段向服务人员（健身顾问）清楚地表明自己的职业身份、身体状况、健身目的等信息，而且主动与健身顾问交流自己已经收集到的几种适合自己的健身项目信息，并通过沟通与工作人员共同决策并设计一套健身方案，此方案包含一周7天每天参与健身项目的类别以及锻炼时间。最后，被试者需要对此项服务过程中感知到的自我表达做出评价，并回答一些有关操纵检验及人口统计信息的问题。

在本次实验中，所有变量的测量均采用了7点式李克特量表（1 = 非常不认同，7 = 非常认同）。为了验证对于顾客参与程度的操纵是否成功，本次实验要求被试者对自己在该服务情境中的参与程度做出评价（Chan、Yim 和 Lam，2010；Troye 和 Supphellen，2012）："我在服务过程中有很高的参与程度""我在服务过程中投入了很多的精力""我为这次服务做出了很大的贡献"（Cronbach's $\alpha = 0.82$）。此外，参照 Carroll 和 Ahuvia（2006）、Mugge 等（2011）、Higie 和 Feick（1989）、Maimaran 和 Simonson（2011）、Troye 和 Supphellen（2012）等所采用的量表，本实验共设置了六个问题用于测量被试者在参与过程中感知到的自我表达，包括"我认为此项服务为我提供了一种表达内心真实自我的途径""我认为此项服务的过程及结果是对我个人独特性的一种表现""我认为此项服务的过程及结果是对我自己个性的一种反映""我认为此项服务的过程及结果是对我个人身份的一种反映""消费此项服务有助于向其他人展示我的个人形象"及"我认为此项服务完全不能反映出我个人的特性"（反向问题）（Cronbach's $\alpha = 0.79$）。

3.2.1.2 研究结果与讨论

方差分析（ANOVA）的结果表明，不同组别被试者所感知到的参与程度具有显著差异。在理发服务情境中，高参与组的被试者对于其在服务过程中参与程度的感知显著高于低参与组的被试者（$M_{高参与} = 5.41$ vs. $M_{低参与} = 4.52$，$F(1, 60) = 16.06$，$p < 0.01$），在健身服务情境中也存在一致的趋势（$M_{高参与} = 5.29$ vs. $M_{低参与} = 4.31$，$F(1, 60) = 13.92$，$p < 0.01$）。由此表明，实验对于顾客参与程度的操纵是成功的。

以感知的自我表达作为因变量、顾客参与程度作为自变量进行方差分析（ANOVA）。结果表明，顾客参与程度的差异对于被试者从此项服务体验中感知的自我表达具有显著影响（见图3-1）。在理发服务情境中，参与共同设计个人发型（即高参与组）的被试者比仅提供个人信息（即低参与组）的被试者从此项服务中感知到了更强的自我表达［$M_{高参与}=5.38$ vs. $M_{低参与}=4.38$，$F(1, 60)=14.47$，$p<0.01$］。同样，在健身服务情境中，参与共同设计个人健身方案（即高参与组）的被试者比仅提供个人信息（即低参与组）的被试者从此项服务中感知到了更强的自我表达［$M_{高参与}=5.10$ vs. $M_{低参与}=4.29$，$F(1, 60)=7.71$，$p<0.01$］。

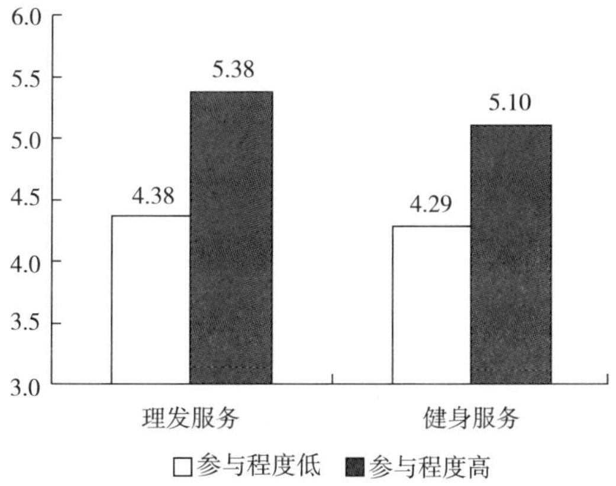

图 3－1　顾客参与对感知自我表达的影响

此项实验的结果初步表明，顾客在服务过程中的参与程度对其感知的自我表达具有不可忽视的积极影响。可见，顾客在服务生产与传递过程中不仅能参与共同创造经济价值与人际价值，而且还能参与共同创造服务的象征价值。接下来的研究，笔者将进一步验证顾客从参与过程中收获的自我表达是否作为一种独特的心理益处，对其服务满意度评价产生积极的影响。此外，为了进一步检验此项实验结果的外部效度，接下来笔者将通过基于真实消费情境的问卷调查来再次对研究假设进行检验。

3.2.2 研究二：顾客参与对感知自我表达及满意度的影响

3.2.2.1 研究设计

本书采用问卷调查的方式获取样本数据，从而对相关假设做出检验。研究仍然选取了具有潜在高顾客参与属性的健身服务行业，样本选取了具有健身经历并有教练指导的消费者作为被调查对象，采用现场调查、留置调查和滚雪球三种方式收集数据，共发放问卷300份，回收211份，其中有效问卷183份，有效回收率为61%。183份有效问卷的样本基本信息统计如下：男性比例为48.6%；被调查者的年龄主要集中在青年人群，20～30岁的被调查者占总样本数的61.2%，30～40岁的被调查者占总样本数的31.7%；在教育程度方面，73.8%的被调查者具有大学本科学历，16.4%具有硕士及以上学历。从样本的基本统计信息来看，样本结构合理，也比较符合现实情况。

本书所涉及的各个变量的测量，不同程度地借鉴了前人的研究成果。顾客参与的测量借鉴了Chan等（2010）、Nambisan和Baron（2009）、Troye和Supphellen（2012）的量表；感知自我表达的测量借鉴了Carroll和Ahuvia（2006）、Mugge等（2011）、Higie和Feick（1989）、Maimaran和Simonson（2011）、Troye和Supphellen（2012）的量表；顾客满意度的测量则借鉴了Chan等（2010）、Oliver和Swan（1989）的量表。本书所采用量表的开发过程如下：首先，依据现有文献和深度访谈确定研究变量的维度和测项，选择了10位有两年以上健身或瑜伽训练经历并有健身教练的消费者进行了深度访谈，访谈的内容主要集中在顾客参与、感知的自我表达和服务满意度三个变量上。其次，通过专家访谈和焦点小组访谈等形式对测项和维度进行定性讨论，确保其内容效度。最后，通过信度效度分析、探索性因子分析等定量分析方法最终确定量表。

3.2.2.2 研究结果与讨论

信度分析的结果表明，研究二涉及的所有潜变量包括信息分享（Cronbach α = 0.87）、合作行为（Cronbach α = 0.85）、共同决策（Cronbach α = 0.79）、感知的自我表达（Cronbach α = 0.78）以及顾客满意度（Cronbach α = 0.80）等。变量的综合信度系数（Cronbach α）值均明显大于有关研究所建议的最小临界值（0.70），从而表明本书所采用问卷的综合信度得到了较好的满足，且测量项目具有较好的内部一致性。

主要变量的均值、标准差及变量间的 Pearson 相关系数矩阵如表 3 - 1 所示。从调查结果可以看出，在顾客参与行为的三个维度中，被调查对象的共同决策行为与感知的自我表达的相关性最强，其次是合作行为，最后是信息分享行为。顾客感知的自我表达与顾客满意度之间也存在显著的正相关关系。此外，在顾客参与行为的三个维度中，被调查对象的共同决策行为与顾客满意度的相关性最强，其次是合作行为，而信息分享与顾客满意度之间的相关性不显著。

表 3 - 1 主要变量的均值、方差和 Pearson 相关系数

	均值	标准差	信息分享	合作行为	共同决策	感知的自我表达	顾客满意度
信息分享	5.16	0.76	1.00				
合作行为	4.93	0.71	0.56**	1.00			
共同决策	4.78	0.61	0.38**	0.60**	1.00		
感知的自我表达	4.82	0.50	0.55**	0.60**	0.62**	1.00	
顾客满意度	5.08	0.48	0.16	0.19*	0.37**	0.58**	1.00

注：* 表示 $p < 0.05$，** 表示 $p < 0.01$。

结构方程模型（SEM）用来同时执行对测量和假设路径模型的检验，具有容许自变量和因变量含测量误差、同时估计因子结构和因子关系等优点

(侯杰泰等，2004)。因此，本书主要使用 LISREL 统计软件对研究框架进行 SEM 分析。总体而言，拟合模型解释了顾客满意度 58% 的总体方差。在模型拟合指标中，卡方自由度比值 CMIN/DF 为 1.59，拟合指数 NNFI 值为 0.903，CFI 值为 0.91，均高于临界值 0.90 的水平；RMSEA 值为 0.07，低于临界值 0.08 的水平，说明模型的拟合效果良好。对应于本书研究假设的简化的 SEM，如图 3－2 所示。

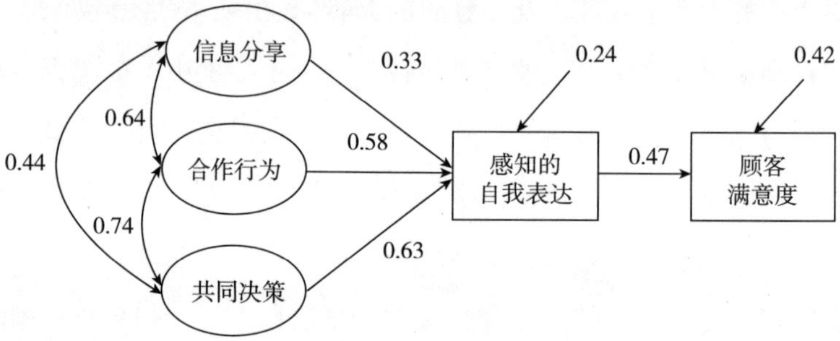

图 3－2　结构方程模型拟合结果

该模型表明，顾客参与的三个维度即三种形式均对顾客感知的自我表达产生了显著的正向影响。首先是共同决策行为对感知的自我表达的影响最强（$r=0.63$，$p<0.05$），其次是合作行为（$r=0.58$，$p<0.05$），最后是信息分享行为（$r=0.33$，$p<0.05$）。顾客感知的自我表达对其服务满意度评价具有正向的影响（$r=0.47$，$p<0.05$）。因此，可以认为顾客参与行为通过感知自我表达的中介作用对顾客满意度产生影响。

本书从消费者心理感知的角度出发，一方面着重于探究顾客在参与服务过程中的内心感受以及从参与中获得的心理启示，另一方面也考察了顾客在服务参与中所形成的感知与认知会如何影响他们对于服务的评价。研究结果表明，除了以往研究中强调的经济价值共创、人际价值共创、感知控制等多个方面，我们还应意识到，顾客参与服务业会对其感知的自我表达这一象征价值产生积极的影响，也就意味着，顾客能够参与服务象征价值的共创。因此，后续的研究试图从这一全新的心理机制出发，深入探讨即使在服务结果趋于一致的情况下，即并未获得更多的经济价值或人际价值，顾客在服务过程中的参与行为对其最终的服务评价是否仍然具有积极的意义。此外，基于心理感知的可塑性，本书认为，参与服务对顾客心理感知以及后续服务评价的影响并不是在任何情境中都相同的，而是会受到诸多情境因素的调节，因此后续的章节将陆续对重要情境因素的调节作用做出探讨与实证检验。

4 参与自主性的影响作用

4.1 研究假设

自主性/自主权（Autonomy）通常被界定为能够根据（或发挥）个人的自由意志进行选择的情境（Knee 和 Zukerman，1996）。根据参与是否具有自主性，顾客在服务过程中的参与行为可以被区分为自愿参与和非自愿参与两种形式：自愿参与意味着消费者具有自主决定权，既可以选择服务生产或传递过程的某些或全部环节由自己完成，也可以选择自己不参与、完全由服务人员完成。从动机的视角来看，自愿参与行为通常是源于内在动机，而非自愿参与行为通常是源于外在动机。由内在动机激发的行为一般与个人的兴趣、爱好以及个性特征等高度相关，行为本身即是目的；而由外在动机激发的行为一般与此种行为带来的外部结果好坏或外部奖惩高度相关，行为是为了达到某个目的（Deci 和 Ryan，2000）。基于此，本书推测，由内部动机引发的自愿参与行为能够被顾客视作一种自我表达的方式，而由外部动机引发的非自愿参与行为则很难有此作用。前人的研究发现，同样的行为，当该行为是由外部动机促发时（如一种工作责任或义务）会使消费者感到自我损耗；而当该行为是由内部动机促使时（如一种娱乐机会）则反而使消费者感到活力的注入（Laran 和 Janiszewski，2011）。

此外，根据自我决定理论（Self - determination Theory）（Deci 和 Ryan，1985），由内在动机引发的行为更有持续力、完成质量也更高。现有研究指出，强迫顾客使用技术主导型自助服务会导致顾客对服务提供商的态度恶化（Reinders、Dabholkar 和 Frambach，2008）。可见，非自愿参与极易引起顾客的心理抵抗（Zhang 等，2011），即使参与也只是将其视作一项任务或完成目标的手段；相反，自主选择参与的顾客更容易感受到内在的参与动机，从而更有可能在参与过程中考虑内在的个人喜好与意见、身份与品位等，因此更加倾向于将参与视作一种自我表达的途径，并因此获得更高的服务满意度。

此外，顾客与企业的关系也一直是广大学者与业界管理者共同关注的话题。前人的研究表明，顾客在参与过程中与服务人员的愉快互动能够增进其感知的服务的人际价值（Chan、Yim 和 Lam 2010；Khoddami、Moradi 和 Ahmadi 2011），然而前人的研究却很少关注顾客参与前后其与企业之间的关系是否也存在相应的变化。据此，本书将进一步探讨顾客参与是否有利于顾客与服务企业之间关系的建立及加深，尤其在于顾客在参与后是否会提升对服务企业的评价，如对于服务企业的信任以及亲密感。由于顾客参与通常意味着顾客与服务企业有更多的接触、更多的资源投入以及更高的介入机会，因此顾客在参与过程中极有可能建立与服务企业的联系。

亲密感/度（Intimacy）原本用于形容人际之间的交往与互动。Sternberg（1986）的爱情三角理论认为，即爱是由亲密感（Intimacy）、激情（Passion）以及承诺（Commitment）这三种成分所构成。其中，亲密感是指感觉到亲近、彼此连接、相互关联。当人们从一段人际关系中感觉到温暖、人际距离被拉近时，亲密感也就随之逐渐产生，因此亲密感代表的是爱之中的温暖成分。Batra 等（2012）学者将此概念延伸到顾客与企业关系的研究中，并且发现亲密感也是消费者对品牌之爱中的一种重要成分（Batra、Ahuvia 和 Bagozzi，2012）。Bugel 等（2011）学者针对顾客与企业关系的研究也表明，亲密感也可以形容顾客与企业之间关系的亲近感，是关系中积极的情感成分，它对于顾客忠诚度的形成具有重要作用，是除了顾客满意度、服务质量等因素以外，促成顾客忠诚度形成的另一要素（Bugel、Verhoef 和 Buunk，2011）。

本书认为，基于感知自我表达这一潜在的心理机制，顾客在服务过程中的参与行为也会对顾客与企业之间的关系产生影响，有助于顾客—企业亲密感（Customer – firm Intimacy）的提升。原因在于以下两点：首先，当顾客在服务过程中参与价值共创时，顾客往往会投入其自身独特的资源，如时间、知识、体力与智力资源等，这些资源均带有强烈的个人印记，能够在一定程度上反映顾客的内在自我及自我身份。因此，个体独特资源的投入可被视作一种自我表达，而心理学领域的研究表明自我表露与自我表达是促成人际亲密关系产生的重要推力（Laurenceau、Barrett 和 Pietromonaco，1998）。前人的研究发现，相对于消费者没有任何付出的情景，企业主动征求消费者的意见与反馈的行为能够拉近与消费者的距离，促使顾客—企业亲密感的产生，从而有助于提升消费者持续地关注企业、未来与企业继续打交道的意愿（Liu 和 Gal，2011）。此外，顾客参与价值共创领域的研究也指出，顾客在服务过程中的参与行为能够增进顾客与服务人员之间的交流与互动，从而有助于共创更多更高质量的人际价值（Chan、Yim 和 Lam，2010）。本书认为，顾客参与价值共创并不一定会促成人际交流与互动，例如，顾客借助电脑、智能设备等参与价值共创时，但仍然有可能影响顾客对提供了共创机会的企业的心理感知。由于在商业行为中，与顾客打交道的企业或品牌通常会被视作朋友一样的存在，因此，在顾客通过参与价值共创行为实现自我表达后，很有可能对企业产生更强的亲密感。相关研究也指出，顾客在参与商品定制过程中由于与商品产生更多的肢体接触以及更高程度的心理卷入，从而导致消费者个体与定制化商品之间产生更有意义的连接，因此消费者对于参与制作的商品会产生更强烈的感官反应（Troye 和 Supphellen，2012）。顾客在参与共同生产过程中，投入的努力还会促使消费者对参与制作的商品产生更强烈的情感依恋（Mugge、Schoormans 和 Schifferstein，2009），甚至爱的感觉（Norton，2009）。其次，Campbell 等（2000）的研究指出，人际关系的亲疏会影响人们的自我归因倾向：与朋友的合作相比，人们在与陌生人合作后会产生更强烈的自我归因偏见，即把好的结果归因于自己的功劳，而把坏的结果归因于对方的过失；可见，人际亲密感有助于减轻甚至消除消费者对于共创价值的自我归因偏见。在此基础上，我们也有理由相信，相对于非自愿的参与行为，顾客自愿参与价值共创行为有助于其实现自我表达，从而不仅有助于拉近顾客与企业的距离、提升顾客与企业之间的亲密感，而且正是由于这种亲近关系的形成有助于消除顾客对于参与结果的自我归因偏见，不再由于将功劳归于自己而降低对企业服务满意度的评价。概括而言，本书提出如下假设：

H3：顾客在服务过程中的参与行为对其服务满意度的影响会受到参与自主性的调节。

H4：顾客在服务过程中的参与行为对顾客—企业亲密感的影响会受到参与自主性的调节。

H5a：顾客参与行为和参与自主性的交互作用通过感知自我表达的中介作用对其服务满意度产生影响。

H5b：顾客参与行为和参与自主性的交互作用通过感知自我表达的中介作用对顾客—企业亲密度产生影响。

4.2 研究三：参与自主性对顾客参与效应的调节作用

4.2.1 研究设计

研究三的主要目的是考查顾客参与价值共创对其服务评价的影响，并且检验感知的自我表达是否为两者因果关系中一种独特的中介机制。在此基础上，本书进一步推测，顾客参与对服务评价的影响会受到参与自主性这一情境因素的调节。只有当顾客是自愿或自主选择参与到服务生产过程中时，才会将参与过程视作一种自我表达，从而对服务产生更积极的评价。因此，研究三的另一个主要目的是探索及验证参与自主性这一情境因素是否会调节顾客参与对服务评价的影响。

研究三采用消费行为实验的方法对以上假设做出检验。本次实验采用了2（顾客参与程度：低 vs. 高）×2（顾客参与的自主性：自愿参与 vs. 非自愿参与）的双因素组间设计。共有113名大学生参与了此次实验，其中35%为男性，平均年龄为22岁。所有的实验参与者被随机分配到四个实验组中。

整个实验通过电脑完成，每个被试者在独立的小隔间内完成实验。隔间两侧有高150cm的隔板，确保被试者在实验过程中不会受到干扰，并且无法得知其他被试者所看到的实验材料。当进入实验室后，被试者被告知他们将参与一项服务评价的实验，而本次实验希望了解他们对给定的服务情境会做出怎样的评价。本次实验所选定的服务类型是大学生比较熟悉的旅行服务。

被试者被要求想象终于考完了期末考试，迎来为期一个半月的暑假，你希望在假期中能有一次愉快的出行，因此购买了一家旅行社提供的“香港 5 日游”旅行服务。在低参与组，被试者被告知，旅行社已为其安排好所有的旅行路线（跟团游）以及入住的酒店，但需要按照自己的偏好预订酒店房间：自愿参与组的被试者被告知，他们可以选择自己通过电话或上网预订房间，也可放弃此项权利由旅行社统一预订酒店房间，他们最终选择了自己预订；而非自愿参与组的被试者被告知，他们必须亲自打电话或上网预订酒店住房，否则无法当日入住。在高参与组，被试者被告知，在“5 日香港游”这一项目中，旅行社为其安排好了入住的酒店以及前 3 天的旅行路线（跟团游），而后两天的路线需要自己安排策划：自愿参与组的被试者被告知，他们可以选择自己安排策划后两天的行程，也可以打电话咨询旅行社，由旅行社为其提供可参考的行程，他们最终选择了自己安排策划；而非自愿参与组的被试者被告知，旅行社没有为其安排后两天的行程，他们需要自己安排策划。为了帮助被试者更生动地想象这次旅行服务场景，实验中为被试者呈现了一组（6 张）中国香港知名景点的相片（四组被试者看到的相片相同）。除了对于顾客参与相关操纵，其他所有表述在所有实验组之间也保持完全一致。例如，对于服务结果的陈述，所有被试者面对的场景均是他们对此次“香港 5 日游”的旅行服务很满意，其间他们游览了 12 个香港知名的景点然后顺利返京，不管是旅行路线还是住宿条件他们都认为符合期待，没有失望。实验最后，所有实验组的被试者需要对给定的服务情境做出评价，指出他们的满意度、感知的自我表达等，并回答一些有关操纵检验及人口统计信息的问题。

在本次实验中，所有变量的测量均采用了 7 点式李克特量表（1 = 非常不认同，7 = 非常认同）。作为操纵检验，本次实验采用了三个问题测量被试者对参与程度的感知（Chan、Yim 和 Lam，2010；Troye 和 Supphellen，

2012)：“我在服务过程中有很高的参与程度”“我在服务过程中投入了很多的精力”“我为这次服务做出了很大的贡献”（Cronbach's $\alpha=0.88$）。与研究一中的量表相同（Higie 和 Feick，1989；Carroll 和 Ahuvia，2006；Mugge、Brunel 和 Schoormans，2011；Maimaran 和 Simonson，2011；Troye 和 Supphellen，2012），“我认为此项服务为我提供了一种表达内心真实自我的途径”“我认为此项服务的过程及结果是对我个人独特性的一种表现”等六个题项被用于测量顾客感知的自我表达（Cronbach's $\alpha=0.81$）。另外，本次实验设置了四个问题用于测量顾客满意度（Chan、Yim 和 Lam，2010；Oliver 和 Swan，1989），包括“我对这次旅行服务感到非常满意”“这间旅行社提供的服务达到了我的期望”“在这项服务中的旅行经历令我感到愉快”以及“总体而言，我很满意这家旅行社提供的服务”等（Cronbach's $\alpha=0.85$）。在前人研究的基础上，另有三个问题用于测量顾客—企业亲密感（Yim、Tse 和 Chan，2008；Liu 和 Gal，2011）：“我感觉这家培训服务机构与我非常亲近”“这家培训服务机构令我感觉非常温暖和舒服”“我与这家培训服务机构的关系很亲密”等（Cronbach's $\alpha=0.90$）。

4.2.2 结果与讨论

（1）操纵检验。检验结果表明，总体而言，实验设置的服务情境在被试者看来是相对真实可信的（1＝非常不可信，7＝非常可信；$M=5.15$）。被试者对此项服务情境也感到较为熟悉（1＝非常不熟悉，7＝非常熟悉；$M=5.12$）。此外，方差分析（ANOVA）的结果表明，不同组别被试者认为的服务参与程度具有显著差异，高参与组的被试者对其在服务过程中参与程度的感知显著高于低参与组的被试［$M_{高参与}=5.17$ vs. $M_{低参与}=4.23$，$F(1, 111)=25.32$，$p<0.01$］。由此表明，实验对于顾客参与程度的操纵是成功的。

（2）顾客参与对感知自我表达的影响。以顾客感知的自我表达作为因变量，顾客参与程度、参与自主性以及它们的交互项作为自变量进行方差分析（ANOVA）。结果表明，顾客参与程度对其感知的自我表达的主效应影响显著，高参与组的被试者比低参与组的被试者感知到更强程度的自我表达[$M_{高参与}=4.86$ vs. $M_{低参与}=4.04$，$F(1, 109)=18.76$，$p<0.01$]。因此，首先H1再次得到有力支持。其次参与自主性对顾客感知的自我表达也具有显著的影响，自愿参与组的被试者比非自愿参与组的被试者感知到更强烈的自我表达[$M_{自愿参与}=4.97$ vs. $M_{非自愿参与}=4.14$，$F(1, 109)=3.75$，$p<0.05$]。此外，顾客参与程度和参与自主性的交互作用对于顾客感知的自我表达也具有显著的影响[$F(1, 109)=3.75$，$p<0.05$]。具体而言，当顾客是自愿参与到服务过程中时，参与程度会对其感知的自我表达产生显著的正向影响[$M_{高参与}=5.46$ vs. $M_{低参与}=4.24$，$F(1, 51)=20.83$，$p<0.01$]；然而，当顾客是必须或只能（而非自愿）参与到服务过程中时，参与程度对感知的自我表达不再产生显著的正向影响[$M_{高参与}=4.33$ vs. $M_{低参与}=3.86$，$F(1, 58)=2.78$，$p>0.10$]，如图4-1所示。

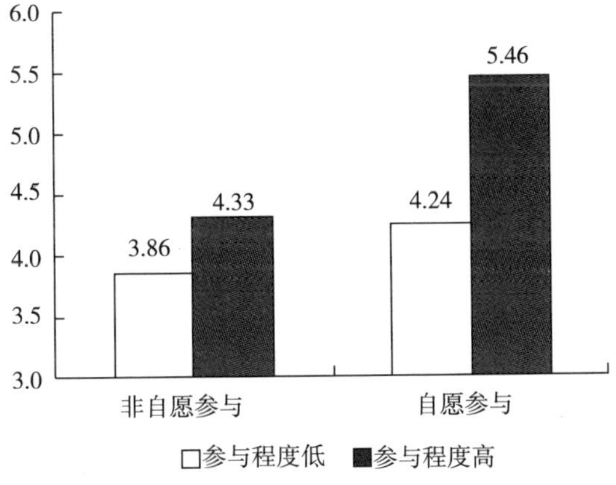

图4-1 顾客参与和参与自主性的交互作用对感知自我表达的影响

（3）顾客参与对服务满意度的影响。以顾客满意度作为因变量，顾客参与程度、参与自主性以及它们的交互项作为自变量进行方差分析（ANOVA）。结果表明，首先，顾客参与对其服务满意度的主效应影响显著，高参与组的被试者比低参与组的被试者对于服务的满意度更高［$M_{高参与}=5.52$ vs. $M_{低参与}=5.12$，$F(1, 109)=7.34$，$p<0.01$］。其次，参与自主性对顾客满意度也具有显著的影响，自愿参与组的被试者比非自愿参与组的被试者对服务的满意程度更高［$M_{自愿参与}=5.53$ vs. $M_{非自愿参与}=5.19$，$F(1, 109)=7.52$，$p<0.01$］。此外，顾客参与程度与参与自主性的交互作用对于顾客满意度也具有显著的影响［$F(1, 109)=3.86$，$p=0.05$］。当顾客是自愿参与到服务过程中时，参与程度才会对顾客满意度产生显著的正向影响［$M_{高参与}=5.86$ vs. $M_{低参与}=5.18$，$F(1, 51)=18.16$，$p<0.01$］；然而，当顾客是必须或只能（而非自愿）参与到服务过程中时，参与程度对顾客满意度不再产生显著的正向影响［$M_{高参与}=5.17$ vs. $M_{低参与}=5.06$，$F(1, 58)=0.22$，$p>0.10$］。因此，H3 得到有力支持，如图 4－2 所示。

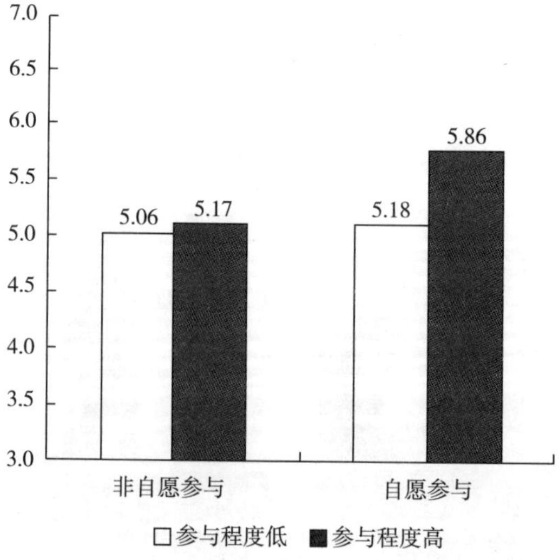

图 4－2　顾客参与和参与自主性的交互作用对顾客满意度的影响

（4）顾客参与对顾客—企业亲密感的影响。以顾客—企业亲密感作为因变量，顾客参与程度、参与自主性以及它们的交互项作为自变量进行方差分析（ANOVA）。结果表明，首先，顾客参与对其感知的顾客—企业亲密感的主效应影响显著，高参与组的被试者比低参与组的被试者感知的顾客—企业亲密感更高［$M_{高参与}=5.17$ vs. $M_{低参与}=4.77$，$F(1, 109)=6.08$，$p<0.05$］。其次，参与自主性对顾客—企业亲密感也具有显著的影响，自愿参与组的被试者比非自愿参与组的被试者感知的顾客—企业亲密感更高［$M_{自愿参与}=5.17$ vs. $M_{非自愿参与}=4.77$，$F(1, 109)=6.20$，$p<0.05$］。此外，顾客参与程度和参与自主性的交互作用对于顾客—企业亲密感也具有显著的影响［$F(1, 109)=4.13$，$p<0.05$］。具体而言，当顾客是自愿参与到服务过程中时，参与程度会对顾客—企业亲密感产生显著的正向影响［$M_{高参与}=5.53$ vs. $M_{低参与}=4.81$，$F(1, 51)=20.28$，$p<0.01$］；然而，当顾客是必须或只能（而非自愿）参与到服务过程中时，参与程度对顾客—企业亲密感不再产生显著的正向影响［$M_{高参与}=4.81$ vs. $M_{低参与}=4.74$，$F(1, 58)=0.07$，$p>0.10$］。因此，H4 也得到有力支持，如图 4-3 所示。

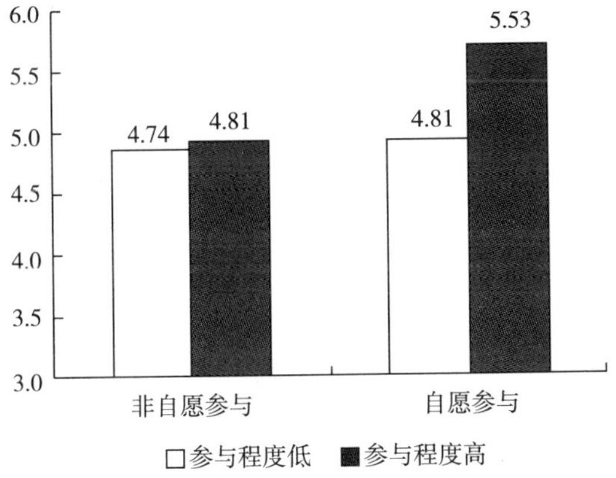

图 4-3　顾客参与和参与自主性的交互作用对顾客—企业亲密感的影响

（5）中介作用检验。正如前文所述，本书推测，顾客参与和参与自主性的交互效应通过顾客感知的自我表达的中介作用对满意度及顾客—企业亲密度产生影响。为了验证感知的自我表达在此过程中所发挥的中介作用，本书进行了相关检验。首先，以顾客满意度作为因变量，以顾客参与程度、参与自主性以及它们的交互项作为自变量，以感知的自我表达作为协变量进行方差分析。结果表明，当控制住感知的自我表达的水平后，顾客参与程度和参与自主性的交互作用对顾客满意度的影响不再显著［$F(1, 108) = 1.34$，$p > 0.10$］，而感知自我表达的主效应影响显著［$F(1, 108) = 31.77$，$p < 0.01$］。其次，Sobel 检验的结果也支持了感知的自我表达在此过程中的中介作用（$z = 4.14$，$p < 0.01$）。因此，H5a 得到支持。

另外，按照同样的方法检验顾客参与程度与参与自主性的交互作用是否通过影响感知的自我表达对顾客—企业亲密感产生影响，过程如下：以顾客—企业亲密感作为因变量，以顾客参与程度、参与自主性以及它们的交互项作为自变量，以感知的自我表达作为协变量，进行方差分析。结果表明，当控制住感知的自我表达的水平后，顾客参与程度和参与自主性的交互作用对顾客—企业亲密感的影响不再显著（$F(1, 108) = 1.46$，$p > 0.10$），而感知自我表达的主效应影响显著（$F(1, 108) = 35.30$，$p < 0.01$）。另外，Sobel 检验的结果也支持了感知的自我表达在此过程中的中介作用（$z = 4.23$，$p < 0.01$）。因此，H5b 也得到支持。

研究三的结果表明，顾客在服务过程中的参与行为能够对其感知的自我表达产生积极的影响，而顾客获得的这种心理收益继而又会对其服务满意度评价以及与企业之间的亲密感产生积极的影响。此外，研究三还发现，顾客参与的积极效应会受到参与自主性这一情境因素的调节，只有当顾客是在有选择的情况下自愿参与到服务过程中时，其自身的参与行为才会被感知为一种自我表达，并对满意度及与企业的亲密感产生积极影响；相反，当顾客是在没有选择的情况下，被企业硬性安排参与到服务过程中时，他们所扮演的角色更像是“兼职员工”，由于缺乏自主意愿，他们的参与更像是为了完成企业的目的，因此很难再被视作一种主动的自我表达，顾客参与对服务评价的积极效应也就随之消失。在研究三结果的基础上，本书建议，尽管顾客参与服务相对于被动接受服务而言通常能令其获得更独特的体验，然而服务企业对于顾客参与方案的设定却会影响顾客对参与的接纳与感受。服务企业在设计服务流程中的价值共创环节时，应尽可能给予顾客充分的选择自由，在有条件的情况下，应同时提供顾客参与和不参与（由员工提供服务）两种方案供其选择，以消除顾客对必须/被迫参与服务的心理抵触以及负面解读。

5　公开可见性的影响作用

5.1　研究假设

现有研究指出，商品和服务能够被视作消费者个人身份的象征（Solomon，1983；Belk，1988）。尽管消费者能够通过选择消费或使用特定的商品与服务来向他人间接展示个人身份、个性等信息，但如果相应的消费或使用行为不能被他人观察到时，也就无法发挥其对应的自我表达功能。因此，相对于私人场合消费的商品，公共场合消费的商品能够更好地传达个人身份等抽象信息（Bearden 和 Etzel，1982）。对于试图在社交场合开展印象管理、促进社交互动的群体而言，商品或服务的抽象沟通功能尤为重要，他们所选择的商品通常是为了在他人眼中塑造更积极的自我形象（Ratner 和 Kahn，2002；White 和 Dahl，2006）。此外，相关研究也指出，相对于私人场合，人们在公共场合试图通过消费行为的象征意义来间接展示有关个人信息的动机更加强烈（Ratner 和 Kahn，2002；White 和 Dahl，2006；Berger 和 Heath，2007）。相应地，相对于私人场合使用的商品（如睡衣），人们在选择公共场合使用的商品（如汽车）时更容易受到参照群体的影响（Bearden 和 Etzel，

1982）。消费者对于商品独特性的需求也与其希望通过商品反映并展示独特的个人形象的诉求是一致的。前人的研究表明，当定制的商品是公开可见时，消费者认为定制的商品相比非定制的商品更能反映其独特的个人身份；相反，如果定制的商品只能被购买者自己看见，定制商品的这种表达功能就会大大减弱（Brunel、Mugge 和 Schoormans，2007）。

尽管前人的研究指出服务区别于商品的主要特征之一是其无形性（Intangibility），但服务仍然存在一些可见的属性，例如，物理环境、服务氛围、服务人员等（Lovelock 和 Gummesson，2004）。基于此，本书认为，在不同的服务情境中，顾客参与行为的公开可见性也会存在明显差异。由于顾客在公众场合会对自我形象更加敏感，因此，在公众场合开展的参与行为比在私人场合开展的参与行为具有更强的与个人相关的象征意义。据此，本书推测，服务参与情境的公开可见性越强，顾客在参与过程中感知到的自我表达也就越强，顾客参与对其服务满意度评价及与企业亲密感的积极影响效应也越强。

H6：顾客在服务过程中的参与行为对其服务满意度的影响会受到公开可见性的调节。

H7：顾客在服务过程中的参与行为对顾客—企业亲密感的影响会受到公开可见性的调节。

H8a：顾客参与行为和公开可见性的交互作用通过感知自我表达的中介作用对其服务满意度产生影响。

H8b：顾客参与行为和公开可见性的交互作用通过感知自我表达的中介作用对顾客—企业亲密感产生影响。

5.2 研究四：公开可见性对顾客参与效应的调节作用

5.2.1 研究设计

研究四的主要目的是探索及验证服务情境，即参与行为的公开可见性这一情境因素是否会调节顾客参与对服务评价的影响。在此基础上，进一步验证，参与的公开可见性对顾客参与效应的调节作用是否基于顾客感知的自我表达这一中介机制发挥影响。

研究采用消费行为实验的方法对相关假设做出检验。实验采用了2（顾客参与程度：低 vs. 高）×2（参与的公开可见性：公开可见 vs. 非公开可见）的双因素组间设计。共有131名大学生参与了此次实验，其中42%为男性，平均年龄为21岁。所有的实验参与者被随机地分配到四个实验组中。

整个实验通过电脑完成，实验流程如下：当进入实验室后，被试者被告知他们将参与一项服务评价的实验，而本次实验希望了解他们对给定的服务情境会做出怎样的评价。本次实验所选定的服务类型是大学生比较熟悉的培训服务。被试者被要求想象，为了提升自己的英语水平，购买了某知名培训机构的英语培训服务课程，本次培训共包含16次课。紧接着，被试者需要阅读操纵服务情境公开可见性的相关信息，公开可见组的被试者被告知本次培训课程采取小班授课模式，每个班有20名学员；而非公开可见组的被试者被告知本次培训课程采取的是一对一的授课模式，培训人员单独对他展开培训。然后，被试者接触对其服务参与程度的操纵，高参与组的被试者需要阅读并想象自己在培训过程中，几乎在每次课程结束阶段培训人员询问其学习感受与建议时都会及时给予培训人员反馈，将自己的真实感受与困惑等非常细致地反馈给培训人员，并提出对培训过程的建议与意见，以试图帮助培训人员不断地改善服务质量；低参与组的被试者则需要阅读并想象自己在培训过程中，当培训人员收集学员反馈时，自己只有一次向其提供相关反馈与意见建议。为了帮助被试者更生动地想象这次旅行服务场景，实验中为被试者呈现了一组培训机构（已隐去机构与品牌名称）提供英文培训服务的相片。除了对于顾客参与程度以及参与公开可见性的相关操纵，其他所有表述在所有实验组之间也保持完全一致。此外，对于服务结果的陈述，所有被试者面对的场景均是他们对此次英文培训服务很满意，他们顺利完成了16次培训课程，不管是培训的过程还是培训人员的服务态度都符合他们的期待；接受培训服务后他们参加了全国英语六级考试，比上一次参加六级考试提高了20分。实验最后，所有实验组的被试者需要对给定的服务情境做出评价，指出他们的满意度、顾客—企业亲密感、感知的自我表达等，并回答一些有关操纵检验及人口统计信息的问题。

在本次实验中，所有变量的测量均采用了7点式李克特量表（1 = 非常不认同，7 = 非常认同）。作为操纵检验，本次实验仍然采用“我在服务过程中有很高的参与程度”“我在服务过程中投入了很多的精力”等问题测量被试者对参与程度的感知（Chan、Yim 和 Lam 2010；Troye 和 Supphellen 2012）（Cronbach's $\alpha = 0.85$）。此外，另有两个问题被用于测量被试者对于公开可见性的感知：“我在此项服务过程中的经历是能够被其他人观察到的”“我在此项服务过程中提供反馈等参与行为是能够被其他人观察到的”（Cronbach's $\alpha = 0.89$）。与研究三一样，在前人研究的基础上（Higie 和 Feick，1989；Carroll 和 Ahuvia，2006；Mugge、Brunel 和 Schoormans，2011；Maimaran 和 Simonson，2011；Troye 和 Supphellen，2012），“此项服务为我提供了一种表达内心真实自我的途径”等六个题项用于测量被试者感知的自我表达。此外，参考 Oliver 等的研究（Oliver 和 Swan，1989；Chan、Yim 和 Lam，2010），“我对这次培训服务感到非常满意”“在这项培训服务中的经历令我感到愉快”等四个题项用于测量顾客满意度（Cronbach's $\alpha = 0.80$）。“我感觉这家培训服务机构与我非常亲近”“我与这家培训服务机构的关系很亲密”等问题用于测量顾客—企业亲密感（Yim、Tse 和 Chan，2008；Liu 和 Gal，2011）（Cronbach's $\alpha = 0.88$）。

5.2.2 结果与讨论

（1）操纵检验。检验结果表明，不同组别被试者对于服务参与程度的感知与评价具有显著差异，高参与组的被试者对于其在服务过程中参与程度的感知显著高于低参与组的被试者［$M_{高参与} = 5.07$ vs. $M_{低参与} = 3.75$，$F(1, 129) = 36.78$，$p < 0.01$］。由此可见，实验对顾客参与程度的操纵是成功的。此外，不同组别的被试者所感知到服务过程的公开可见性也具有显著差异，公开可见组的被试者认为服务及参与过程能够被其他人看见的可能性显著高于非公开可见组［$M_{公开可见} = 4.66$ vs. $M_{非公开可见} = 3.74$，$F(1, 129) = 15.78$，$p < 0.01$］。因此，实验对于顾客参与的公开可见性的操纵也是成功的。

（2）顾客参与对感知自我表达的影响。以顾客感知的自我表达作为因变量，以顾客参与程度、公开可见性以及它们的交互项作为自变量进行方差分析（ANOVA）。结果表明，顾客参与对其感知的自我表达的主效应影响显著，高参与组的被试者比低参与组的被试者感知到更强程度的自我表达［$M_{高参与} = 4.66$ vs. $M_{低参与} = 3.93$，$F(1, 127) = 11.39$，$p < 0.01$］。因此，H1 再次得到有力支持。顾客参与的公开可见性对其感知的自我表达不存在显著影响［$F(1, 127) = 0.54$，$p > 0.10$］，但公开可见性和顾客参与程度的交互作用对于顾客感知的自我表达具有显著的影响［$F(1, 127) =$

3.90, $p=0.05$]（见图5-1）。具体而言，当顾客参与服务的情境是公开可见时，参与程度会对顾客感知的自我表达产生显著的正向影响［$M_{高参与}=4.94$ vs. $M_{低参与}=3.80$，$F(1, 61)=12.89$，$p<0.01$］；然而，当顾客参与服务的情境是非公开可见或者说此过程是私密的，参与程度对其感知的自我表达不再产生显著的正向影响［$M_{高参与}=4.37$ vs. $M_{低参与}=4.07$，$F(1, 66)=1.09$，$p>0.10$］。

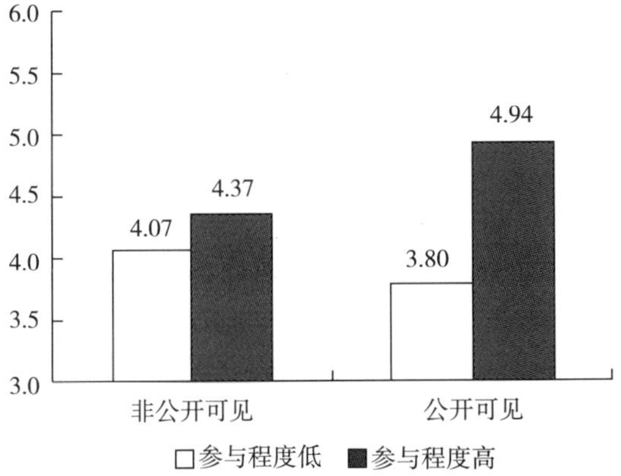

图5-1　顾客参与和公开可见性的交互作用对感知自我表达的影响

（3）顾客参与对服务满意度的影响。以顾客满意度作为因变量，顾客参与程度、公开可见性以及它们的交互项作为自变量进行方差分析（ANOVA）。结果表明，顾客参与程度［$F(1, 127)=0.86$，$p>0.10$］、顾客参与的公开可见性［$F(1, 127)=2.11$，$p>0.10$］对服务满意度的主效应影响均不显著，但两者的交互效应对满意度的影响边际显著［$F(1, 127)=3.07$，$p=0.08$］（见图5-2）。具体而言，当顾客参与服务的情境是公开可见时，顾客参与程度会对其服务满意度产生显著的正向影响［$M_{高参与}=5.49$ vs. $M_{低参与}=5.00$，$F(1, 61)=4.44$，$p<0.05$］；然而，当顾客参与服

务的情境是非公开可见或者说此过程是私密的，顾客参与程度对其服务满意度不再产生显著的正向影响 [$M_{高参与}=4.90$ vs. $M_{低参与}=5.05$，$F(1, 66)=0.29$，$p>0.10$]。因此，H6 得到支持。

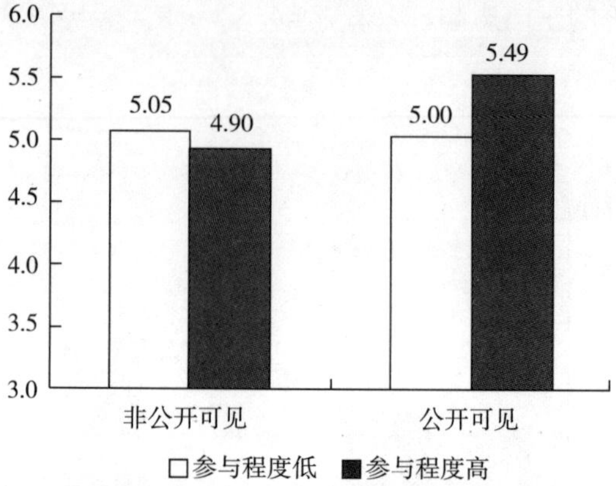

图 5－2　顾客参与和公开可见性的交互作用对顾客满意度的影响

（4）顾客参与对顾客—企业亲密感的影响。以顾客—企业亲密感作为因变量，以顾客参与程度、公开可见性以及它们的交互项作为自变量进行方差分析（ANOVA）。结果表明，顾客参与程度对其感知的顾客—企业亲密感的主效应影响显著，高参与组的被试者比低参与组的被试者感知的顾客—企业亲密感更高 [$M_{高参与}=5.11$ vs. $M_{低参与}=4.58$，$F(1, 127)=7.95$，$p<0.01$]。顾客参与的公开可见性对顾客—企业亲密度不存在显著影响，但公开可见性与顾客的交互作用对顾客—企业亲密度具有显著影响 [$F(1, 127)=3.64$，$p=0.05$]（见图 5－3）。具体而言，当顾客参与服务的情境是公开可见时，参与程度会对顾客—企业亲密度显著的正向影响 [$M_{高参与}=5.32$ vs. $M_{低参与}=4.44$，$F(1, 61)=9.72$，$p<0.01$]；然而，当顾客参与服务的情境是非公开可见或者说此过程是私密的，参与程度对顾客—企业亲密

感不再产生显著的正向影响［$M_{高参与}=4.89$ vs. $M_{低参与}=4.72$，$F(1, 66)=0.48$，$p>0.10$］。因此，H7 也得到支持。

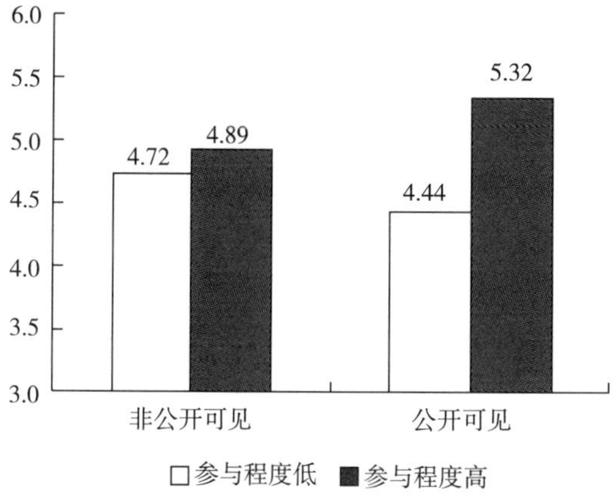

图 5－3 顾客参与和公开可见性的交互作用对顾客—企业亲密感的影响

（5）中介作用检验。正如前文所述，本书推测，顾客参与和公开可见性的交互效应通过顾客感知的自我表达的中介作用对顾客满意度及顾客—企业亲密感产生影响。为了验证感知的自我表达在此过程中所发挥的中介作用，本书进行了相关检验。首先，以顾客满意度作为因变量，以顾客参与程度、公开可见性以及它们的交互项作为自变量，以感知的自我表达作为协变量进行方差分析。结果表明，当控制住感知的自我表达的水平后，顾客参与程度与公开可见性的交互作用对顾客满意度的影响不再显著［$F(1, 126)=1.62$，$p>0.10$］，而感知自我表达的主效应影响仍然显著［$F(1, 126)=8.55$，$p<0.01$］。另外，Sobel 检验的结果也支持了感知的自我表达在此过程中的中介作用（$z=4.37$，$p<0.05$）。因此，H8a 得到支持。

另外，按照同样的方法检验顾客参与程度和公开可见性的交互作用是否通过影响感知的自我表达对顾客—企业亲密感产生影响，其过程如下：以顾客—企业亲密感作为因变量，以顾客参与程度、公开可见性以及它们的交互项作为自变量，以感知的自我表达作为协变量进行方差分析。结果表明，当控制住感知的自我表达的水平后，顾客参与程度和公开可见性的交互作用对顾客—企业亲密感的影响不再显著［$F(1, 126) = 1.92$，$p > 0.10$］，而感知自我表达的主效应影响仍然显著［$F(1, 126) = 10.75$，$p < 0.01$］。另外，Sobel 检验的结果也支持了感知的自我表达在此过程中的中介作用（$z = 5.02$，$p < 0.05$）。因此，H8b 也得到支持。

与研究三的结论类似，研究四发现顾客在服务过程中的参与行为对其服务满意度评价及与企业亲密感的影响会受到情境因素的调节，包括研究三已论证的顾客参与自主性、研究四重点检验并支持的顾客参与行为的公开可见性等。研究发现，相对于私人服务（非公开可见）情境，顾客在公开可见的服务情境中的参与行为才会对其满意度及与企业亲密感产生积极的影响。究其原因，主要是因为只有在公开可见的服务情境中，即有“观众”在场的情境中，顾客才会对商品与服务的象征意义给予特别的关注，因此才会将其在服务过程中的参与行为视作一种塑造服务象征意义的自我表达；相反，当顾客在非公开可见的服务情境中时，即使其主动参与服务生产过程，该过程也不会被其他消费者观察到，即使他们的参与对服务结果有益，但他们觉得在其他人眼中可能会被错误归因为服务人员的功劳，因此，在非公开可见情境中，顾客既没有通过参与实现自我表达的动机（他们更愿意提出个人诉求，而由服务人员提供相应的服务），也很难在参与后形成这样的心理感知，顾客参与对服务评价的积极效应也就随之消失。在此研究结果的基础上，本书建议，服务企业在设计服务流程中的价值共创环节时，应充分考虑服务情境的公开可见性，相对于非公开可见的服务情境，在公开可见的服务情境中，可以多设置一些顾客可以参与的环节，从而增加顾客在服务体验中获得的心理收益，继而提升顾客对服务的评价。

6　自我建构的影响作用

6.1　研究假设

前文的多个实证研究已经证实，顾客参与行为是否能被顾客解读为一种自我表达的方式取决于诸多服务情境因素，如顾客参与的自主性以及参与的公开可见性等。然而，顾客参与行为的这一积极效应不仅会受到企业塑造的服务情境的影响，还会受到消费者特质因素的影响。厘清消费者特质因素的调节作用有助于寻找到最适宜让其参与服务过程的细分群体，也是最容易通过参与价值共创提升服务评价的细分群体。据此，本章笔者将探讨一个与消费者个体相关的因素——消费者的自我建构类型及其对顾客参与效应的影响作用。

自我建构是指一个人如何感知自我与他人之间的关系以及个人如何通过与他人相联系或者区别于他人而形成自己的价值观（Markus 和 Kitayama，1991）。传统研究发现，在不同的社会文化背景下，人们对自我的理解和解释存在区别。西方社会推崇个人主义文化，强调个体的独立性，鼓励个体去发现和表达自我的独特个性；而东方社会则是集体主义文化，人们更看重与他人相互依赖的关系，自我被看成是包围在身边的社会关系的一部分。在此基础上，马库斯和北山认为，文化的差异使人们的自我体系在内容、结构和作用等许多方面都呈现出重要差异，并提出用自我建构这一概念来解释不同文化背景下人们对自我与他人关系的认知方式（Markus 和 Kitayama，1991）。他们将自我建构定义为个体在多大程度上认为自身与他人相关或是分离的信念，并将自我建构分为独立型自我建构（Independent Self - construal）和互依型自我建构（Interdependent Self - construal）两种类型。独立型自我建构强调个人的分离性与独立性，个体行为通常强调自我表达与自我实现，从而展现个人独特的需求和能力（Singelis，1994）；相反，互依型自我建构强调个人与他人的关联性，强调个体身份的外部性和公共特征，个体往往通过其社会角色与社会关系来进行自我界定（Markus 和 Kitayama，1991）。

尽管自我建构的形成主要受到个体长期所处的社会文化环境熏陶，但这两种形态的自我并不是完全独立存在的，而是可以并存于同一个个体，只是存在强弱的差异；因此，个体的自我建构形态可以通过具体的情境进行启动和操纵（Brewer 和 Gardner，1996）。在特定的情境下，某种潜在的非主导自我建构可能被激发而变成主导的自我建构类型，从而影响个人的认知行为。

在消费行为学领域，已有研究表明自我建构会影响个体的认知和行动（Aaker 和 Williams，1998；Aaker 和 Lee，2001）。相对于独立型自我建构的个体而言，互依型自我建构的个体的独特性寻求（Uniqueness - seeking）行为更弱，原因在于独特性寻求及展示容易拉远社会距离，同时增加被社会排斥的风险，而相似性与一致性则更容易获得社会接纳与认同（Mead 等，2011）。相反，独立型自我建构的个体更看重独立性/自主性、个体差异性、个人成就等，这种以自我为中心的思维模式更容易忽视他人的感受（Markus 和 Kitayama，1991；Aaker 和 Lee，2001；Kampmeier 和 Simon，2001）。正因如此，独立型自我建构的个体更看重自己内心的想法与感受，而不是为了遵循社会规则去牺牲或压抑个人的观点，因此他们有更强烈的自我表达动机，也倾向于以更直接的方式进行自我表达（Singelis，1994；Kim 和 Sherman，2007）。因此，相对于互依型自我建构的消费者，独立型自我建构的消费者更倾向于将个人的选择与行为视作自我表达的方式（Kim 和 Drolet，2003）。此外，独立型自我建构的个体在追求目标的过程中通常表现出促进型焦点（Promotion - focus），强调通过获取成就并且展示自身的与众不同以实现自我提升。然而，互依型自我建构的个体在追求目标的过程中通常表现出防御型焦点（Prevention - focus），更强调通过被他们的接纳与认可以实现自我改善（Aaker 和 Lee，2001）。

本书进一步推断，顾客的自我建构会调节其参与行为对服务评价的影响，原因在于不同自我建构的个体自我表达的需求有差异，因此从参与过程中感知的自我表达也会有所差异，进而影响其服务体验与评价。对于独立型自我建构的消费者而言，保持个人的独特性、表达自我、实现自己的目标是更为重要的任务，并且通常采用环境独立型思维方式，主要关注客体独特的属性而不是客体与环境之间的关系（Kuhnen 等，2001）。因此，对于此类个体而言，在参与服务生产过程时主要会依据自己内心的真实想法与感受，也更倾向于展示自己不同于他人的独特属性，从而使自己获得更独特也更符合个人偏好的服务体验。然而，对于互依型自我建构的消费者而言，较重要的任务是归属、行为适当、实现群体目标和了解别人潜在的想法，他们关注的焦点是与群体的关系；同时，通常采用环境依存型思维方式，认为客体和情境是一个整体，更倾向于从关系角度来分析和认识事物（Kuhnen 等，2001）。因此，对于此类个体而言，维持与群体的关系是首要任务，因此相对于展示个体的独特性，展示与群体成员相似的一面以获得群体成员的认可与更融洽的群体关系更为必要。互依型自我建构的消费者在参与服务生产过程时会更注重处理社交关系，包括与服务人员的互动、自己的参与行为及参与结果是否符合社会规范以及是否能获得他人的认可等，因此，他们在服务过程中的参与行为有助于共同创造出更高的人际价值，从而获得更高的服务满意度（Chan、Yim 和 Lam，2010）。然而，他们对社会规则的过度注重与社会关系的高度敏感也可能让他们牺牲了表达自我独特性的欲望，从而很难将此种参与行为视作一种自我表达的途径。基于此，本书提出如下假设：

H9：相对于互依型自我建构的顾客，独立型自我建构的顾客具有更高的参与服务生产过程的意愿。

H10：顾客在服务过程中的参与行为对其服务满意度的影响会受到自我建构的调节；相对于互依型自我建构的顾客，独立型自我建构的顾客在服务过程中的参与行为对其服务满意度具有更强的正向影响。

H11：顾客在服务过程中的参与行为对顾客—企业亲密感的影响会受到自我建构的调节；相对于互依型自我建构的顾客，独立型自我建构的顾客在服务过程中的参与行为对顾客—企业亲密感具有更强的正向影响。

H12a：顾客参与行为和自我建构的交互作用通过感知自我表达的中介作用对其服务满意度产生影响。

H12b：顾客参与行为和自我建构的交互作用通过感知自我表达的中介作用对顾客—企业亲密感产生影响。

6.2 实证研究

6.2.1 研究五：自我建构对顾客参与意愿的影响

研究五的主要目的在于探讨不同类型的自我建构是否会影响顾客参与服

务生产过程的意愿以及他们愿意为此付出的时间与精力。本书提出，相对于互依型自我建构的顾客，独立型自我建构的顾客更注重自己内心真实的想法和感受，而不是社会规范或他人的感受，从而更可能将服务过程中的参与视作一种自我表达的途径。因此，当其他条件相同时，顾客仍然有可能因为个体自我建构的不同而表现出不同程度的参与意愿；面对同样的参与机会，独立型自我建构的顾客比互依型自我建构的顾客具有更强的参与意愿。另外，独立型自我建构的顾客更有可能认识并看重参与服务的抽象功能，即作为表达自我的一种途径，从而愿意为此投入更多的时间与精力。

6.2.1.1 研究设计

研究五采用问卷调查的方法对相关假设做出检验。本次调查通过滚雪球的方式获取样本数据，首先将电子版问卷发放给一些高校学生，并通过鼓励学生转发给自己的亲友以获取更多的样本数据。本次调查一共获取 83 份样本数据，删除回答不完整以及填写明显不认真的问卷，共获得 76 份有效样本数据，有效问卷率为 91.6%。有效样本数据中 43% 的被试者是男性，平均年龄是 29 岁。

在此过程中，被试者首先需要根据 7 点式李克特量表评价他们自己的自我建构倾向。根据 Ma 等（2014）采用的量表，一共有 6 个题项用于测量个体的自我建构倾向，包括三个互依型自我建构的测量题项（“我认为同伴的快乐对我很重要”“我认为保持和谐对我所在的团队很重要”以及“我认为我的快乐很大程度上取决于周围人的快乐”）和三个独立型自我建构的测量题项（“我认为我的个人身份独立于他人，对我非常重要”“我认为我喜欢在许多方面与众不同，独一无二”以及“我认为我宁愿直接向别人说‘不’，而不愿意被误解”）（1 = 非常不认同，7 = 非常认同）；对独立型自我建构的测量评分进行反向问题得分处理，量表的信度为 0.78。接着，被试者需要阅读并想象一个具体的服务情境，即在消费房屋装修服务时，设计师邀请他参与共同设计自己的房屋装修方案。针对这一情境，被试者需要在7点式李克特量表上标明自己的参与意愿（1 = 非常不愿意，7 = 非常愿意）。此外，他们还需要进一步指出在一次房屋装修服务过程中，最多愿意为参与设计自己的住房投入多少时间（0 ~ 50 小时）以及多少精力（1 = 极少的精力，7 = 尽可能多的精力）。其次，被试者只需根据自己的真实感受和想法，阐述自己在做出以上选择（是否愿意参与设计自己的住房及愿意为此投入多少时间和精力）时主要是基于怎样的考虑。最后，被试者需要回答一些人口统计变量的问题。

6.2.1.2　调查结果与讨论

为了更清楚地展示本次调查的结果，接下来的比较分析建立在对被试者分组的基础上。根据调查中所有被试者对于个体自我建构倾向评分的中位数（$M = 4.30$），所有被试者被分为两个组：分值低于或等于中位数的38名被试者被划分为独立型自我建构组，而分值高于该中位数的38名被试者被划分为互依型自我建构组。针对这两组被试者，本书通过方差分析（ANOVA）的方法确认了不同组别之间在自我建构这一因素上显著的组间差异［$M_{互依型自我建构组} = 4.72$ vs. $M_{独立型自我建构组} = 3.96$，$F(1, 74) = 66.60$，$p < 0.01$］，从而也进一步支持了分组的合理性。

然后，方差分析（ANOVA）的方法被进一步应用于对相关假设的检验。分析结果表明，被试者的自我建构类型不仅会影响他们消费该服务时的参与意愿，而且还会影响他们愿意为此项参与所投入的时间与精力。面对给定服务情境中设计师的邀请，独立型自我建构组的被试者比互依型自我建构组的被试者具有更高的参与共同设计房屋装修方案的意愿［$M_{互依型自我建构组} = 4.66$ vs. $M_{独立型自我建构组} = 5.32$，$F(1, 74) = 5.49$，$p < 0.05$］。因此，H9得到有力支持。另外，相对于互依型自我建构组，独立型自我建构组的被试愿意为参与服务的生产过程投入更多的时间［$M_{互依型自我建构组} = 14.55$ vs.

$M_{独立型自我建构组}$ = 21.66, F（1, 74）= 41.34, p < 0.01］及精力［$M_{互依型自我建构组}$ = 4.13 vs. $M_{独立型自我建构组}$ = 5.11, F（1, 74）= 9.39, p < 0.01］。

研究五通过问卷调查的结果检验并初步支持了自我建构类型对顾客在服务生产过程中参与意愿的影响。与研究的预期一致，面对在房屋装修服务中参与共同设计房屋装修方案的机会，独立型自我建构的被试者比互依型自我建构的被试者表现出更高的参与意愿，而且愿意在参与过程中投入更多的时间与精力。通过对被试者所列想法进行文本分析，研究发现，不同类型自我建构的被试者对于参与服务生产的看法与期待也会有所不同，从而为不同的行为反应提供了依据。相对于互依型自我建构的被试者，独立型自我建构的被试者更倾向于将参与服务生产视作一种自我表达的途径，即通过参与使服务的过程与结果展现出个人独特的一面或自己的相关特征。对于服务参与的这一抽象功能，本书将在接下来的实验中做进一步的验证。

6.2.2 研究六：自我建构对顾客参与效应的调节作用

研究六的主要目的是探索及验证参与自我建构类型这一消费者特征因素是否会调节顾客参与对服务评价的影响。在此基础上，进一步验证，自我建构类型对顾客参与效应的调节作用是否基于顾客感知的自我表达这一中介机制发挥影响。此外，对于不同自我建构类型的区分，研究五采用的方式是直接测量被试者真实的自我建构倾向并根据所得数据的中位数将被试者分为两组。然而，基于中位数的这一分类方法存在一定的局限性，尤其在于人为放大了分值趋近中位数的被试者之间的差异。另外，对于划分出的两个被试组，除了持有的自我建构类型有所不同以外，很有可能在其他未知的方面也会有所差异。假如这样的话，自我建构类型与参与意愿之间的因果关系就会受到质疑。因此，在研究六中笔者将采取其他不同的方式去区分潜在的不同自我建构类型的消费群体。

6.2.2.1 研究设计

研究六采用消费行为实验的方法对相关假设做出检验。实验采用了 2（顾客参与程度：低 vs. 高）×2（自我建构类型：独立型自我建构 vs. 互依型自我建构）的双因素组间设计。共有 121 名大学生参与了此次实验，其中 42% 为男性，平均年龄为 20 岁。所有的实验参与者被随机分配到四个实验组中。

整个实验通过电脑完成，当进入实验室后，被试者被告知他们将参与一项服务评价的实验，而本次实验希望了解他们对给定的服务情境做出怎样的评价。本次实验所选定的服务类型是大学生比较熟悉的个人名片设计服务。实验共分为两个阶段：第一个阶段是对被试者自我建构类型进行操控，实验中采用了 Shrum（2012）曾使用过的“描述我和我们”的方法启动被试者实验当下不同类型的自我建构形态：独立型自我建构组的被试者需要按要求写出 5 句话来描述“我是什么样的人”；而互依型自我建构组的被试者需要按要求写出 5 句话来描述“和我联系紧密的一个群体”。在操纵结束后，被试者需要回答有关操纵检验的问题。在第二个阶段，被试者被要求想象由于参加各种校园活动及校外兼职，现考虑制作个人名片以方便社交，因此在淘宝上购买了一家店铺提供的个人名片设计服务。接着，被试者接受对其服务参与程度的操纵：在低参与组，被试者被告知在此项服务中，由本人提供个人背景、喜欢的风格以及名片主要用途等信息，再由店铺设计师为其一对一设计个人名片；在高参与组，被试者被告知在此项服务中，由本人提供个人背景、喜欢的风格以及名片主要用途等信息，再由店铺设计师为其一对一设计个人名片，在设计过程中，被试者也需要参与设计的过程，包括选择名片所用的背景、字体类型与颜色、排版类型等。为了帮助被试者更生动地想象这次个人名片设计服务，实验中为被试者呈现了个人名片设计服务的相关图片。除了对顾客参与相关操纵，其他所有表述在所有实验组之间也保持完全一致。实验最后，所有实验组的被试者需要对给定的服务情境做出评价，指出他们对此项服务过程的满意度、感知的自我表达等，并回答一些有关操纵检验及人口统计信息的问题。

在本次实验中，所有变量的测量均采用了7点式李克特量表（1＝非常不认同，7＝非常认同）。作为操纵检验，本次实验参照前人的研究采用了六个问题测量自我建构类型（Ma等，2014），例如“此时此刻，我认为同伴的快乐对我很重要”“此时此刻，我认为保持和谐对我所在的团队很重要”“此时此刻，我认为我的快乐很大程度上取决于周围人的快乐”等（Cronbach's α＝0.80）。根据前人的量表，本书采用“我在服务过程中有很高的参与程度”“我在服务过程中投入了很多的精力”等三个题项测量被试者对于参与程度的感知（Chan、Yim和Lam，2010；Troye和Supphellen，2012）（Cronbach's α＝0.81）。此外，本次实验在参照现有量表（Higie和Feick，1989；Carroll和Ahuvia，2006；Mugge、Brunel和Schoormans，2011；Maimaran和Simonson，2011；Troye和Supphellen，2012），采用“我认为此项服务为我提供了一种表达内心真实自我的途径”等六个问题用于测量被试在参与过程中感知到的自我表达（Cronbach's α＝0.83）。另外，本次实验没有提供对于服务结果的相关描述，而是要求被试者指出对此项服务过程的满意度，一共采用三个题项对此进行测量（Chan、Yim和Lam，2010；Oliver和Swan，1989），包括“总体而言，我对此次名片设计服务感到非常满意”“这间名片设计店铺提供的服务达到了我的期望”以及“在这间名片设计店铺经历的服务过程令我感到满意”等（Cronbach's α＝0.84）。实验采用“我感觉这间名片设计店铺与我非常亲近”“我与这间名片设计店铺的关系很亲密”等三个问题用于测量顾客—企业亲密感（Yim、Tse和Chan，2008；

Liu 和 Gal, 2011)(Cronbach's $\alpha = 0.82$)。

6.2.2.2　实验结果与讨论

(1) 操纵检验。检验结果表明，不同组别被试者在实验中启动的自我建构类型具有显著差异 [$M_{互依型自我建构} = 4.49$ vs. $M_{独立型自我建构} = 3.89$，$F(1, 119) = 15.27$，$p < 0.01$]。由此表明，实验对于顾客在当下情境中启动的自我建构类型的操纵是成功的。此外，不同组别的被试者所感知到的参与程度也具有显著差异，高参与组的被试者对于其在服务过程中参与程度的感知显著高于低参与组的被试者 [$M_{高参与} = 5.23$ vs. $M_{低参与} = 4.35$，$F(1, 119) = 22.92$，$p < 0.01$]。由此表明，实验对于顾客参与程度的操纵也是成功的。

(2) 顾客参与对感知自我表达的影响。以顾客感知的自我表达作为因变量，顾客参与程度、自我建构类型以及它们的交互项作为自变量进行方差分析（ANOVA）。结果表明，首先，顾客参与对其感知的自我表达的主效应影响显著，高参与组的被试者比低参与组的被试者感知到更强程度的自我表达 [$M_{高参与} = 5.00$ vs. $M_{低参与} = 4.14$，$F(1, 117) = 20.80$，$p < 0.01$]。因此，H1 再次得到实验数据的有力支持。其次，自我建构类型对顾客感知的自我表达也具有显著的影响，独立型自我建构的被试者比互依型自我建构的被试者在参与此项服务过程中感知到更强烈的自我表达 [$M_{独立型自我建构} = 4.86$ vs. $M_{互依型自我建构} = 4.28$，$F(1, 117) = 9.37$，$p < 0.01$]。此外，顾客参与程度与自我建构类型的交互作用对于顾客感知的自我表达的影响边际显著 [$F(1, 117) = 3.35$，$p < 0.10$]（见图 6-1）。具体而言，对于独立型自我建构的顾客而言，在服务过程中的参与程度对感知的自我表达具有显著的正向影响 [$M_{高参与} = 5.46$ vs. $M_{低参与} = 4.27$，$F(1, 55) = 23.45$，$p < 0.01$]。然而，对于互依型自我建构的顾客，参与程度对顾客感知的自我表达的影响有所减弱 [$M_{高参与} = 4.54$ vs. $M_{低参与} = 4.03$，$F(1, 62) = 3.42$，$p = 0.07$]。

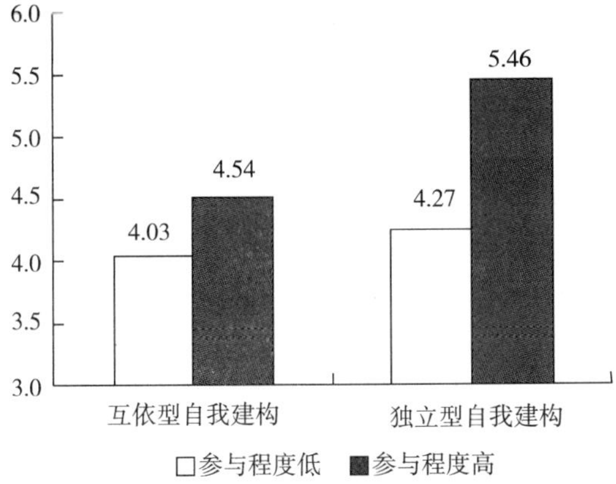

图6-1 顾客参与和自我建构类型的交互作用对感知自我表达的影响

（3）顾客参与对服务满意度的影响。以顾客满意度作为因变量，顾客参与程度、自我建构类型以及它们的交互项作为自变量进行方差分析（ANOVA）。结果表明，首先，顾客参与对其服务满意度的主效应影响显著，高参与组的被试者比低参与组的被试者对于服务的满意度更高［$M_{高参与}=5.52$ vs. $M_{低参与}=5.08$，$F(1, 117)=9.67$，$p<0.01$］。其次，自我建构类型对顾客满意度也具有显著的影响，独立型自我建构组的被试者比互依型自我建构组的被试者对服务的满意程度更高（$M_{独立型自我建构}=5.51$ vs. $M_{互依型自我建构}=5.10$，$F(1, 117)=8.27$，$p<0.01$）。此外，顾客参与程度与自我建构类型的交互作用对于顾客满意度也具有显著的影响［$F(1, 117)=4.09$，$p<0.05$］（见图6-2）。具体而言，对于独立型自我建构的顾客而言，在服务过程中的参与程度对顾客满意度具有显著的正向影响［$M_{高参与}=5.88$ vs. $M_{低参与}=5.14$，$F(1, 55)=21.94$，$p<0.01$］；然而，对于互依型自我建构的顾客，参与程度对顾客满意度不存在显著影响［$M_{高参与}=5.17$ vs. $M_{低参与}=5.02$，$F(1, 62)=0.45$，$p>0.10$］。因此，H10得到有力支持。

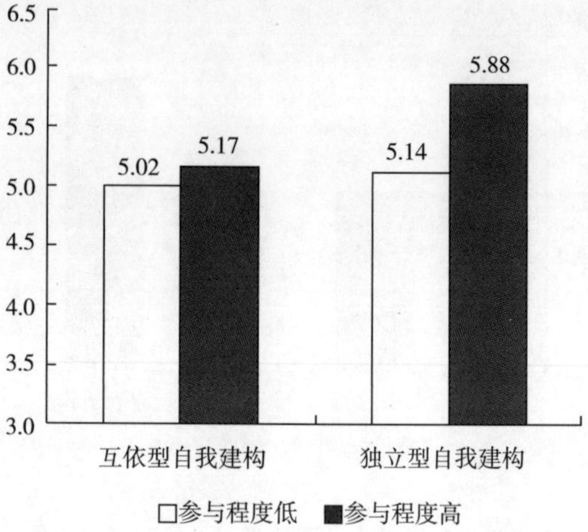

图 6-2　顾客参与和自我建构类型的交互作用对顾客满意度的影响

（4）顾客参与对顾客—企业亲密感的影响。以顾客—企业亲密感作为因变量，顾客参与程度、参与自主性以及它们的交互项作为自变量进行方差分析（ANOVA）。结果表明，首先，顾客参与对其感知的顾客—企业亲密感的主效应影响显著，高参与组的被试者感知的顾客—企业亲密感显著高于低参与组的被试者［$M_{高参与}=5.17$ vs. $M_{低参与}=4.71$，$F(1, 117)=9.03$，$p<0.01$］。其次，自我建构类型对顾客—企业亲密感也具有显著的影响，独立型自我建构组的被试者比互依型自我建构组的被试者在参与服务后感知到更高的与企业亲密程度［$M_{独立型自我建构}=5.11$ vs. $M_{互依型自我建构}=4.77$，$F(1, 117)=5.13$，$p<0.05$］。此外，顾客参与程度和参与者自我建构类型的交互作用对于顾客—企业亲密感也具有显著的影响［$F(1, 117)=6.16$，$p<0.05$］（见图 6-3）。对于独立型自我建构的顾客而言，在服务过程中的参与程度对顾客—企业亲密感具有显著的正向影响［$M_{高参与}=5.53$ vs. $M_{低参与}=4.69$，$F(1, 55)=27.07$，$p<0.01$］；然而，对于互依型自我建构的顾客，参与程度对顾客—企业亲密感则不存在显著影响［$M_{高参与}=4.80$ vs. $M_{低参与}=$

4.73，F（1，62）=0.10，$p>0.10$]。因此，H11得到支持。

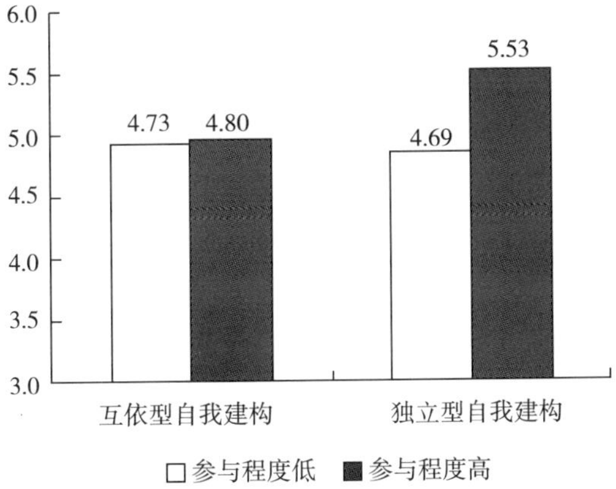

图6-3 顾客参与和自我建构类型的交互作用对顾客—企业亲密感的影响

（5）中介作用检验。正如前文所述，本书推测，顾客参与程度和自我建构类型的交互效应通过顾客感知的自我表达的中介作用对满意度及顾客—企业亲密感产生影响。为了验证感知的自我表达在此过程中所发挥的中介作用，本研究进行了相关检验。首先，以顾客满意度作为因变量，以顾客参与程度、自我建构类型以及它们的交互项作为自变量，以感知的自我表达作为协变量进行方差分析。结果表明，当控制住感知的自我表达的水平后，顾客参与程度和自我建构类型的交互作用对顾客满意度的影响不再显著[F（1，116）=2.11，$p>0.10$]，而感知自我表达的主效应影响仍然显著[F（1，116）=15.75，$p<0.01$]。另外，Sobel检验的结果也支持了感知的自我表达在此过程中的中介作用（$z=5.84$，$p<0.01$）。因此，H12a得到支持。其次，按照同样的方法检验顾客参与程度与自我建构类型的交互作用是否通过影响感知的自我表达对顾客—企业亲密感产生影响，过程如下：以顾客—企业亲密感作为因变量，顾客参与程度、自我建构类型以及它们的交互

项作为自变量，感知的自我表达作为协变量，进行方差分析。结果表明，当控制住感知自我表达的水平后，顾客参与程度和自我建构类型的交互作用对顾客—企业亲密感的影响变为边际显著 [$F(1, 116) = 3.78$，$p = 0.05$]，而感知自我表达的主效应影响仍然显著 [$F(1, 116) = 14.81$，$p < 0.01$]。另外，Sobel 检验的结果也支持了感知的自我表达在此过程中的中介作用 ($z = 4.92$，$p < 0.05$)。因此，H12b 得到支持。

上述研究表明，不仅是服务情境因素，而且与消费者个体相关的因素也会对顾客参与服务的积极效应产生影响。并不是所有类型的消费群体都倾向于将服务过程中的参与行为视作一种自我表达的方式。研究结果表明，相对于互依型自我建构的消费群体，独立型自我建构的消费群体在参与服务的过程中会感知到更强的自我表达，因此在参与后对服务做出更积极的评价。对于企业而言，有必要区分或启动消费者的自我建构，并且给予独立型自我建构的顾客更多的参与机会，从而有助于提升他们的服务评价。一方面，前人的研究表明，倡导集体主义的东方文化更容易孕育出互依型自我建构的个体，而倡导个人主义的西方文化更容易孕育出独立型自我建构的个体，因此，相对于中国、日本、韩国等国的消费者，为美国等西方国家消费者提供服务的企业应设计更开放的价值创造体系，允许并鼓励顾客参与共同创造价值，从而达到“双赢”的效果；另一方面，受全球一体化浪潮的影响，即使在东方国家，年青一代的消费者，如“90 后”“00 后”等，受西方文化的影响，相对于他们的父辈而言具有更高的独立型自我建构倾向，因此，他们对自我表达的需求更高，也会对服务过程中的参与机会、自身参与行为的意义等方面更为敏感，从而也对服务企业的价值创造体系提出了更高的要求。

7　消费目标的影响作用

7.1　研究假设

正如前文所言，不同于其他的经济利益或实用功能，感知的自我表达是消费者从参与过程中获得的一个额外的、无形的、抽象的益处。然而，由于个人的感知与认知通常受到动机与目标的影响，因此，本章将继续探讨顾客参与和自我表达的关系时进一步结合了消费目标和动机的相关理论。以往的研究表明，消费者购买商品或服务通常是出于两种类型的消费目标，即享乐型消费目标与实用型消费目标（Babin、Darden 和 Griffin，1994；Voss、Spangenberg 和 Grohmann，2003）。例如，消费者购买健身俱乐部所提供的健身服务可能是出于减肥等实用型消费目标，也可能是出于放松等享乐型消费目标。另外，消费者参与培训服务的目标既可以让自己获得一技之长、通过专业考试等，也可以体会学习的乐趣以及充实自己带来的满足感等。消费者在服务生产过程中的参与行为（如在健身服务中参与设计自己的健身方案、在培训服务中参与资料搜索与准备等）既可能被视作一种工具性质的活动，也可能被视作一种体验性质的活动（贾薇等，2011）。基于此，本书将深入探讨对于同样的参与行为，不同类型目标导向的消费者会做出怎样的理解与反应。

概括而言，考虑消费目标类型在服务不同阶段可能带来的影响，本书试图解决以下三个主要的问题：第一，不同类型的消费目标（实用型 vs. 享乐型）是否会影响消费者参与服务生产过程的意愿？第二，不同类型的消费目标是否会影响消费者在参与服务过程中感知到的自我表达？第三，不同类型的消费目标是否会影响消费者的服务评价？以及是否会影响消费者在参与过程中所投入的努力？

7.1.1 消费目标理论

前人的研究指出，消费者购买商品或服务通常是出于两种不同类型的消费目标，即享乐型消费目标与实用型消费目标（Babin、Darden 和 Griffin，1994）。享乐型消费目标意味着消费者购买商品或服务主要是为了获得感官刺激的、虚幻的及情感的体验；而实用型消费目标则意味着消费者购买商品或服务主要是为了满足他们对某些功能或工具的需求（Batra 和 Ahtola，1990；Crowley、Spangenberg 和 Hughes，1992）。因此，实用型消费目标通常涉及的是实用的或必需的商品（O'Curry 和 Strahilevitz，2001）。对于两种不同类型消费目标的区分，最早源于对消费者购买行为及行为动机的探讨。早期的研究已经认识到，消费者的购买与消费行为主要是基于两个根本的原因：其中一个原因是为了达到情感上的满意，另一个原因则是基于功能利益或实用价值的考虑——实现预期的结果（Batra 和 Ahtola，1990）。

与消费目标二分法相似的研究指出，购物既可以被视作一种工作或任务，也可以被视作一种充满乐趣的体验（Sherry，1990；Babin、Darden 和 Griffin，1994）。此外，消费可以区分为实用形式的消费与享乐形式的消费（Holbrook 和 Hirschman，1982）；预期从商品或服务中获得的利益可以区分为享乐（或体验）型利益与实用型利益（Havlena 和 Holbrook，1986）；消费者的态度也同时包含了享乐的成分与实用的成分（Batra 和 Ahtola，1990）。

尽管早期的研究倾向于直接将某种商品或服务划分为实用型或享乐型，但更现实的情况是，消费者对于大多数商品或服务的消费同时涉及了享乐与实用两个不同纬度的考虑。事实上，消费者在评价某类商品或服务的可选项时，主要考虑的是每个可选项能在多大程度上满足实用型目标与享乐型目标（Batra 和 Ahtola，1990）。另外，某个商品或服务对于消费者而言主要是享乐型或实用型关键取决于消费者的使用及消费动机（Pham，1998）。例如，消费者去餐厅消费既可能是出于填饱肚子、消除饥饿这样的实用型动机，也可能是出于与朋友一起庆祝生日这样的享乐型动机。因此，不适宜笼统地将餐厅所提供的服务划分为实用型或享乐型。

一部分学者倾向于从动机的角度去把握对于实用型体验与享乐型体验的区分（Khan 等，2005；Pham，1998）。一般而言，享乐型体验主要是由内在动机所驱动的。而且由于体验本身就是最终的目标，因此享乐型体验本质上具有自我奖励功能。另外，享乐型体验通常是自发维持的，不需要外在的诱导或刺激（Childers 等，2001）。相反，实用型体验则主要是由外在动机所驱动。由于实用型体验通常是为了实现更高层级的目标，因此不具有自我奖励功能（Holbrook 和 Hirschman，1982；Mano 和 Oliver，1993；Pham，1998；Dhar 和 Wertenbroch，2000）。换句话而言，受外在动机驱动的行为所带来的满足并不是因为行为过程中本身的体验，而是由于通过该行为实现了外在的目标（Childers 等，2001）。Batra 和 Ahtola（1990）在研究中指出，持有享乐型目标的消费者，他们的购买及消费行为通常是源于自然的情感反应或感官的刺激；而持有实用型目标的消费者，他们的购买及消费行为则主要是基于寻求预期的结果。因此，享乐型的消费行为通常被视作一种娱乐，而实用型的消费行为则通常被视作一种工作（Babin、Darden 和 Griffin，1994；Laran 和 Janiszewski，2011）。

值得注意的是，个体行为的基本目标或动机通常会影响他在行为过程中及之后的感知与认知。前人的研究指出，与消费目标越相关的商品属性越会受到消费者的关注（Garbarino 和 Johnson，2001；Goukens 等，2007），尤其是与消费目标匹配的属性，更是会受到消费者的重视（Chernev，2004；Hassenzahl、Schöbel 和 Trautmann，2008）。例如，对于同样一双运动鞋，实用型目标导向的消费者更重视它的实用属性（如耐用性），而享乐型目标导向的消费者则更重视它的享乐属性（如外观设计）（Okada，2005）。另外，个人所持有的目标类型也有可能影响其思维方式。Novak 和 Hoffman（2009）的研究发现，享乐型目标导向的消费者更倾向于采用体验型的思维方式，而功利型或实用型目标导向的消费者则更倾向于采用理性的思维方式。另外，持有享乐型动机的购物者主要是通过选择实现价值，并且更注重在选择过程中表达个人的喜好与品位，而不是实现最终的购买（Hirschman 和 Holbrook，1982）。

此外，Pham（1998）在研究中指出，在衡量商品价值的时候，出于实用动机（如阅读税务指南从而准备自己的退税材料）的消费者更倾向于依赖商品本身的信息，出于体验动机（如阅读一本小说从而放松自己）的消费者则更倾向于依赖自己对商品的主观的情感判断。类似的研究结果也表明，人们对于享乐型体验与结果的评价主要建立在内在的、主观的及自主决定的标准之上，而对于实用型体验与结果的评价则主要依赖于外在的、客观的或强制性的标准（Batra 和 Ahtola，1990；Babin、Darden 和 Griffin，1994）。

基于现有研究的相关结论，本书进一步推测，消费目标类型也会影响消费者对于参与行为的理解以及之后的服务评价。针对消费者参与的相关话题，本书将在以下章节中深入探讨消费目标的潜在影响作用。

7.1.2 消费目标对顾客参与意愿的影响

正如前文所述，是否参与服务的生产主要取决于消费者的偏好与决定。由于个人的时间与精力通常是稀缺的资源，因此，在商品或服务消费中是投入更多的时间还是投入更多的金钱是消费者决策的一个重要方面（Okada 和 Hoch，2004）。另外，在理解消费者参与以及联合生产模式的相关问题时，顾客所付出的时间与精力仍然是其中的关键概念（Lusch、Vargo 和 O'Brien，2007；Etgar，2008）。尽管有一些顾客愿意花时间参与服务生产环节，例如在餐厅自助取餐、在旅行服务中参与设计旅行路线以及在房屋装修服务中参与选择装修材料等，但是也有顾客并不乐意在这些事宜上花费时间与精力。因此，值得思考的一个问题是，在哪些情况下顾客会对这些参与事项更感兴趣？以及更愿意在参与过程中投入时间与精力？从动机的角度来看，顾客的参与意愿不仅会受到外在刺激及企业因素的影响，而且也会受到内在需求与刺激（如自我表达的需要）的影响。本书提出，不同类型的消费目标会影响顾客对服务参与行为的理解，从而影响他们参与服务的内在动机以及行为意愿。

Hirschman 和 Holbrook（1982）在研究中指出，消费者要么是在解决问题，要么是在寻找快乐、幻想、兴奋、感官刺激及享乐等。从功利的角度来看，顾客在意的是如何通过购买相关商品或服务从而及时、有效地实现自己的目标。相反，享乐主义者更看重的是在购物过程中的“冒险”，从而充分享受购物过程中的娱乐以及在没有任何预设目标情形下购物体验带来的快乐与愉悦（Hirschman 和 Holbrook，1982）。

从动机的角度来看，享乐型体验主要是由内在动机所驱动的，并且由于体验本身就是最终的目标从而在本质上具有自我奖励功能。此外，享乐型体验是自我维持的，不需要外在因素的刺激或诱导（Childers 等，2001）。相反，实用型体验则主要是由外在动机所驱动的，并且由于体验通常是为了实现更高层级的目标从而不具有自我奖励功能（Holbrook 和 Hirschman，1982；Mano 和 Oliver，1993；Pham，1998；Dhar 和 Wertenbroch，2000）。因此，以功利型或实用型目标为导向的消费者会在实际购买之前就已经仔细考虑并评价了与商品相关的信息（Babin、Dardin 和 Griffin，1994）。

在服务过程中，顾客参与行为同样也是为了实现一定的目标及追求相应的价值。但值得注意的是，同样的行为可能是由不同动机所引起或支配的。因此，顾客做出参与服务过程的决定，有可能是为了确保商品或服务的功能或者工具性能，也有可能是为了追求在参与过程中或者完成相应参与任务后所能获得的心理满足。从消费者心理或内在动机的角度来看，顾客对于自我表达以及个人独特性的心理需求是促使他们参与服务生产过程的一个内在动机（Tian 等，2001；Etgar，2008）。另外，有研究指出，相对而言，人们愿意为消费实用型商品付出更多的金钱，却为享乐型商品付出更多的时间（Okada，2005）。因此，有学者提出，当顾客持有享乐型（vs. 实用型）目标时，自我表达这一内在需求对于顾客参与行为的驱动作用会更为明显（Etgar，2008）。相对于实用型目标导向的消费者，享乐型目标导向的顾客会将注意力从关注金钱交易转移到关注服务体验本身；而对于服务体验的关注才令顾客更有可能将自己在此过程中的参与视作一种自我表达。因此，本书推测，在其他条件相同的情况下，享乐型目标导向的顾客比实用型目标导向的顾客对参与服务生产表现出更大的热情与兴趣。

概括而言，本书提出，相对于实用型目标导向的顾客，享乐型目标导向的顾客对于服务体验更加关注也更为敏感，从而更有可能意识到参与服务所能实现的抽象功能——作为自我表达的一种途径。因此，享乐型目标导向的顾客也就更倾向于参与服务的生产过程。基于此，本书提出了以下假设：

H13：相对于实用型目标导向的顾客，享乐型目标导向的顾客具有更高的参与服务生产过程的意愿。

7.1.3 消费目标对于服务参与中感知自我表达的影响

如前文所述，个人行为的动机或目标通常会影响他对于该行为的感知及认知。现有的研究结果表明，同样一个行为，由外在动机驱动时通常会被视作一种工作；相反，由内在动机驱动时则被视作一种娱乐（Laran 和 Janiszewski，2011）。另外，相对于体验的过程，顾客在完成任务过程中表现出更低的探索兴趣，同时感觉到更高的资源与精力消耗（Choi 和 Fishbach，2011；Laran 和 Janiszewski，2011）。作为对现有研究的拓展与延伸，本书提出，不同类型的消费目标还会影响顾客在参与服务过程中的心理感知。换句话而言，持有不同类型目标的消费对于服务参与任务的理解也会不同，从而在参与过程中的心理感知也会不同。由于享乐型消费目标比实用型消费目标更有利于象征意义与心理意义的创造，因此，享乐型目标导向的顾客更有可能在参与过程中形成自我表达的感知。

更具体而言，由于享乐型体验通常是由内在动机所驱动的、同时体验本身就是最终的目标（Choi 和 Fishbach，2011），因此，享乐型目标导向的消费者在服务参与情境中更有可能遵从自己内在的意愿与偏好。另外，由于在享乐型情境中，人们对于结果的评价通常是基于内在的、主观的及自主决定的标准（Batra 和 Ahtola，1990；Babin、Darden 和 Griffin，1994），因此，享乐型目标导向的顾客在参与过程中会更加关注自己的感知与体验。除此以外，现有的研究还指出，相对于实用型目标导向的消费者，享乐型目标导向的消费者更倾向于采用着重于关联性和情感反应的体验型思维方式。基于体验型思维方式，消费者在参与服务过程中更有可能建构及区分自己独特的参与体验（Prahalad 和 Ramaswamy，2004），同时赋予这项体验与个人相关的象征意义。另外，现有的研究发现，持有享乐动机的购物者比持有实用动机的购物者更看重在购物过程中对个人品位的表达，而不是实现最终的购买（Hirschman 和 Holbrook，1982）。相关的研究结果还表明，相对于功利的决策，消费者在享乐的决策中更重视自己的自主选择权，并且更加满意由自己做出的选择而不是由外在因素决定的选择（Botti 和 McGill，2011）。此外，消费者更倾向于从独特的体验中提取价值。在消费者看来，体验的过程比完成任务的过程更具差异化与个人独特性，因此，他们在体验情境中获取了更多的价值（Holbrook，1994；Babin、Darden 和 Griffin，1994）。

然而，实用型体验通常是由外在动机驱动的；同时，作为实现最终目标的一种手段或方式，在实用型体验中因果关系的发生主要取决于外在因素而非内在因素。另外，在实用型目标的指引下，顾客对于最终的结果以及所能获得的价值已经存在预期或预设的版本（Hirschman 和 Holbrook，1982），而且对于结果的评价也主要依赖于外部的、客观的及法定的标准（Batra 和 Ahtola，1990；Babin、Darden 和 Griffin，1994）。因此，对于实用型目标导向的顾客而言，参与服务更有可能被视作一种有助于实现或确保预期结果的工具或手段。换句话而言，实用型目标导向的消费者更关注的是参与行为对于实现预设目标的工具型功能，而不是自己在参与过程中的体验。基于此，这部分顾客也就很难从参与过程中提取到有关自我表达的意义与感知。

概括而言，本书提出，享乐型目标导向的顾客比实用型目标导向的顾客更可能在参与过程中感知到自我表达。举例来看，当顾客光顾一家咖啡厅是为了放松及享受周末的闲暇时光时（享乐型消费目标），参与制作自己的咖啡对于他们而言通常意味着有机会根据自己内在的意愿与标准创造属于自己的独特体验。因此，他们更有可能在参与过程中表达自己的独特品位与审美，从而形成自我表达的感知。相反，当顾客光顾这间咖啡厅是为了提神和工作（实用型目标）时，面对同样的参与制作咖啡的机会，他们为了实现提神及有效工作的预设目标，更有可能根据外在的标准（如越高咖啡因或越苦的咖啡越能提神）或最有效的方式（如店家指引）完成这项参与，从而很难在参与过程中感知到自我表达。故此，本书提出了以下假设：

H14：相对于实用型目标导向的消费者，享乐型目标导向的消费者在参与服务生产过程中感知的自我表达更为强烈。

H15：顾客在服务过程中的参与行为对其感知自我表达的影响会受到消费目标的调节。

7.1.4 消费目标和顾客参与的交互作用对于感知象征价值的影响

顾客价值（Customer Value）是市场营销学术研究领域的一个重要概念（Woodruff，1997），也是开展各种形式营销实践的基础及导向（Holbrook，1994）。在传统观念中，价值是商品或服务的核心，而消费者获取的价值主要是基于对收益（即从商品或服务中感知的利益）与成本的衡量（Zeithaml，1988；Ramirez，1999）。这项符合经济学思维的价值计算原理在早期的研究中被广泛使用。然而，除了经济原理，价值的存在也是消费者使用某个商品或服务以达成相应目标的结果；因此，消费者获取的价值还会受到心理关联和情感联结的影响（Butz 和 Goodstein，1996）。Johar（2005）的研究也指出，人们在衡量价值时并不是一味追求经济效用的最大化，而是会考虑相应的社会规则。

值得关注的是，价值到底是由谁创造的，一直是营销学研究争论的焦点之一。传统的商品主导逻辑（Good Dominant Logic）认为，价值是先由企业创造，再由顾客消耗使用。然而，在近来的研究中，有学者提出了服务主导逻辑，并且指出，价值是由企业与顾客共同创造的；企业不能脱离顾客谈价值，顾客既是价值的最终决定者也是价值的共同创造者（Lusch 和 Vargo，2006）。更具体而言，企业只能制定自己的价值主张，而最终的价值是顾客在“使用价值”的基础上感知和决定的。与服务主导逻辑相关联的是顾客角色的变化。顾客不再是被动接受企业为其提供的“价值产出”，而是集成企业为其提供的各种价值创造的支持要素、主导创造价值。服务主导逻辑与后现代的观点对于消费者角色的认识是一致的，都认为顾客参与创造属于自己的世界（Xie、Bagozzi 和 Troye，2008）。对于企业而言，过去的以企业或产品为中心的价值创造正转变为以经验为中心的共同创造价值观，允许每一名顾客与公司合作、分享经验、价值共同创造，实现高质量的交互融合，正是挖掘企业核心竞争力新源泉的关键。因此，顾客在价值创造中的参与对于合作双方（企业与消费者自身）都是有利的（Lovelock 和 Young，1979；Auh 等，2007）。

顾客感知价值包含了多个维度。其中，象征价值指的是顾客使用某个商品或服务时的所获得的心理层面的收益以及自己对该商品或服务所产生的心理联结（Park、Jaworski 和 MacInnis，1986；Smith 和 Colgate，2007）。从本质上来看，象征价值基于消费者的心理需求——希望通过使用某商品或服务从而实现自我提升、角色定位、彰显群体成员身份或自我认同等（Park、Jaworski 和 MacInnis，1986）。尤其是当商品或服务有助于消费者反映或表达自己的个性、品位及价值取向，从而满足其自我表达的心理需求时，该商品或服务所提供的象征价值也就更为凸显。

以往有关消费者参与的文献指出，顾客参与会有助于价值创造及消费者最终感知的价值。例如，Chan 等（2010）的研究指出，顾客在理财服务中的参与有助于提高经济价值和人际价值的创造。另外，贾薇等（2011）也指出，顾客参与行为正向影响了顾客感知的实用价值，并在实用价值满足的基础上间接影响了感知的享乐价值。不同于以往的文献，本书将着重探讨顾客参与对感知象征价值的影响以及消费目标类型对此的调节作用。

由于顾客感知的象征价值取决于心理层面的意义与收益，因此，顾客在服务过程中感知的自我表达有助于强化他们从服务中获取的象征价值。基于此，本书提出，顾客对于服务象征价值的判断与评价会受到顾客参与和消费目标类型交互作用的影响。具体而言，当顾客持有享乐型消费目标时，顾客参与被视作一种自我表达的途径。因此，相对于没有参与服务，顾客参与能够强化服务体验与顾客之间的心理关联以及服务体验对于消费者个人的意义。以往的研究指出，人们在制作一个物品时，同时也建立了自我与该物品之间的联系，并将内隐的自尊投射于该物品上。因此，相对于现成的物品，人们对于自己亲手制作的物品会有更好的评价（Bosson、Swann 和 Pennebaker，2000）。此外，也有研究指出，当顾客在体验一件事项而不是完成这件事项时，他们认为体验的过程比完成任务的过程更加独特，并从独特的体验过程中提取到更多的价值（Holbrook，1994；Babin、Darden 和 Griffin，1994）。另外，相对于功能利益或实用利益，顾客认为拥有富含个人意义与社会意义的商品会更具有价值（Richins，1994）。因此，相对于没有参与时被动的服务体验，顾客参与创造的服务体验体现了顾客的自我表达、蕴含了更多的个人意义与心理启示，从而有助于提升顾客从服务中感知的象征价值。

相反，当顾客持有实用型目标时，他们在参与过程中的行为准则与评价标准主要依赖于外在的因素而不是个人的喜好与观点。随着行为控制从内部转移到外部，个人对于自我决定的感知会减弱，也就很难在参与过程中获取基于自我表达的相关意义，从而不利于象征价值的创造。因此，相对于没有参与，顾客在服务过程中的参与并不会提升他们从服务中感知的象征价值。作为对以上推论的间接支持，相关的研究表明，当顾客在决策情境中持有享乐型目标时，他们会认为由自己做出的选择结果比由外部决定的选择结果更有价值；而当顾客持有实用型目标时却不会产生这样的差异（Botti 和 McGill，2011）。概括而言，本书在现有文献的基础上，进一步探讨了顾客参与对感知象征价值的影响如何受到消费目标类型的调节，并提出了以下假设：

H16：顾客在服务过程中的参与行为对其感知象征价值的影响会受到消费目标类型的调节。

H17：顾客参与行为和消费目标类型的交互作用通过感知自我表达的中介作用对其感知象征价值产生影响。

7.1.5 消费目标和顾客参与的交互作用对于服务满意度的影响

本书认为，顾客参与对于其服务满意度的影响会受到消费目标的调节。相对于实用型目标导向的顾客，享乐型目标导向的顾客更关注共同创造价值的过程而不是物质交易本身。在顾客参与的情境中，享乐型目标更有助于顾客在参与过程中投射自己的内隐自尊，从而与参与的结果之间产生心理关联（Bosson、Swann 和 Pennebaker，2000）。由于个人对于自己的看法总是比较正面的（Taylor 和 Brown，1988），因此，相对于与自我无关的物体，人们对与自我相关的物体的评价通常会有更高的评价（Greenwald 和 Banaji，1995；Nuttin，1985；Norton、Mochon 和 Ariely，2012）。现有研究指出，由于亲手制作物品的过程通常也是建立内在心理联结的过程，顾客对于自己亲手制作的物品还会产生内隐的情感反应；这些心理联结与情感转化不仅会影响顾客的感官体验，而且也会影响他们的主观评价（Troye 和 Supphellen，2012）。此外，由于自主决定权对于享乐型决策更为重要，因此，在享乐型决策而非实用型决策中，即使是同样的结果，顾客对于由自己所做出的选择比由外在决定的选择更为满意（Botti 和 McGill，2011）。

相反，实用型消费目标更加强调功能价值，在其影响下，顾客对于服务的评价主要依赖于预期的服务功能或结果是否实现而不是主观的服务体验。换句话而言，只要实现了服务的预期功能或结果，顾客很少在意服务过程中自己的参与情况；参与的顾客和没有参与的顾客对于服务的评价不会有太大差异。另外，由于实用型目标导向的顾客更倾向于采用理性而非体验的思维方式，因此他们对于服务的评价主要是基于对成本与收益的衡量。以往的研究还发现，由内在动机驱动的行为在达成目标的同时还会带来积极的体验，而由外在动机驱动的行为则通常带来负面的、烦人的体验（Higgins 和 Trope，1990；Fishbach、Shah 和 Kruglanski，2004）。当顾客像"兼职员工"一样机械地参与服务生产，他们在参与过程中投入的时间、体力与努力等非但不能转化为对自我的价值，而且还会被视作一种消耗与付出，从而不利于他们的价值评价与满意度评价。对于实用型目标导向的顾客而言，参与服务并不意味着自我表达。因此，相对于没有参与，实用型目标导向的顾客在参与过程中并没有获得相应的心理益处与象征价值，从而对于服务的满意度也很难显著提升。

概括而言，本书提出，顾客参与对于其服务满意度的影响效果从表面来看受到消费目标（享乐型 vs. 实用型）的调节，而从本质上来看则取决于参与所带来的心理益处与价值。基于此，本书提出了以下假设：

H18：顾客在服务过程中的参与行为对其服务满意度的影响会受到消费目标类型的调节。

H19：顾客参与行为和消费目标类型的交互作用通过感知自我表达的中介作用对其服务满意度产生影响。

7.1.6 消费目标和顾客参与努力的交互作用

尽管已经有很多研究关注了顾客参与这一话题，但多数探讨的是顾客参与（vs. 没有参与）对企业或消费者个人的影响，却很少谈及顾客在参与过程中所付出的努力及其影响。然而，Cardozo 在 1965 年的研究中已指出，顾客为获得一件商品所付出的努力（包括体力和脑力等）会影响他们对商品的评价。由于理性的顾客在购买中倾向于实现收益最大化、成本最小化，参与努力作为一种行为成本，同样也会影响消费者的感知与评价。随着学术探讨的深入，近来的研究开始关注参与努力（Participation Effort）这一因素及其潜在的影响。相关的研究指出，顾客的参与努力并不总是转化为正向的效用与价值；相反，在一些情况下，参与努力没有促进价值的转化甚至对效用与价值产生了负向的影响（Moreau、Bonney 和 Herd，2011；Buechel 和 Janiszewski，2014）。鉴于相关研究的稀缺，而参与努力却是讨论顾客参与行为的一个重要方面，本书特别关注了参与努力这一因素，并且提出，顾客的参与努力对其服务评价的影响方向取决于消费目标的类型。

具体而言，本书提出，实用型目标导向的顾客更倾向于将参与努力视作一种行为成本，因此，他们的服务评价会受到参与努力的负向影响。以往的研究指出，实用型目标导向的消费者倾向于采用理性的而非体验的思维方式（Novak 和 Hoffman，2009），从而他们的评价通常是基于衡量购买成本与收益的理性认知过程。有研究指出，顾客在参与过程中需要付出一定的努力，因此，参与服务并不是没有成本或代价（Etgar，2008）。例如，参与商品设计需要消费者付出大量时间与努力解决相关问题、完成相关事项（Huffman 和 Kahn，1998；von Hippel，2001）。由于担心在参与过程需要付出大量努力去做出决定、学习新技能及搜寻资料等，尤其是考虑到自己对服务生产所付出的努力并不一定能获得企业的补偿和回报，一些顾客对于联合生产的模式仍然显得犹豫或抗拒（Cova 和 Dalli，2009）。相关研究发现，在过程中付出的过多努力会削弱顾客获得的价值（Wright，1975）。作为对该研究结论的延伸，本书指出，对于实用型目标导向的顾客而言，在参与过程中付出的时间与努力同样也会被计入成本，从而减弱他们从服务中获取的价值。此外，以往的研究还指出，顾客自主实现商品的定制会带来焦虑感或挫败感（Valenzuela 等，2009），甚至导致精力耗尽及过度劳累感（Nzengue、N' Goala 和

Kreziak，2012）。而这些负面的情绪反应最终会对顾客的满意度评价造成不利影响。

然而，对于享乐型目标导向的顾客而言，参与服务生产过程通常被视作一种自我表达的途径。同时，由于采用体验型的思维方式，享乐型目标导向的顾客更加关注主观的服务体验，也更善于从体验中提炼潜在的心理意义与个人意义。因此，顾客在参与过程中投入的努力越多，越有助于反映或表达个人的独特性，从而感知的自我表达也就越强。现有的研究指出，在享乐情境中（如休闲垂钓），人们为此付出的时间通常被视作一种投资而不是成本（Berry、Seiders 和 Grewal，2002）。Mogilner 和 Aaker（2009）的研究表明，相对于金钱付出，顾客为某个商品所付出的时间会增强该商品与其个人的联结以及该商品所包含的象征意义，从而提高对该商品的评价。值得注意的是，不同于实用目标导向的顾客，享乐型目标导向的顾客对服务体验的评价主要依赖于内在的、主观的及自主决定的标准。相关研究表明，在实现目标的过程中，如果该目标体现的是个人的自由意愿或自主权，那么在此过程中投入的努力会有助于提高目标的价值（Zhang 等，2011）。在享乐型情境中，除了实现服务的基本功能外，顾客的参与努力还有助于创造额外的心理收益——自我表达，因此，参与努力会有助于提升消费者对于服务的满意度。对于享乐型目标导向的顾客而言，在服务过程中投入的参与努力越多，所获取的心理益处也就越大，从而对服务的满意度也就更高。基于此，本书提出了以下假设：

H20：顾客参与努力对感知自我表达的影响会受到消费目标类型的调节。

H21：顾客参与努力对其感知的象征价值的影响会受到消费目标类型的调节。

H22：顾客参与努力对其服务满意度的影响会受到消费目标类型的调节。

H23a：顾客参与努力和消费目标类型的交互效应对于顾客感知象征价值

的影响依赖于感知自我表达的中介作用。

H23b：顾客参与努力和消费目标类型的交互效应对于顾客满意度的影响依赖于感知自我表达的中介作用。

7.2 实证研究

7.2.1 研究七：消费目标对顾客参与意愿的影响

研究七的主要目的在于探讨不同类型的消费目标是否会影响顾客参与服务生产过程的意愿以及他们愿意为此付出的时间与精力。本书提出，相对于实用型目标导向的顾客，享乐型目标导向的顾客更注重服务过程的体验而不是物质交易本身，从而更可能将服务过程中的参与视作一种自我表达的途径。因此，当其他条件相同时，顾客仍然有可能因为消费目标的不同而表现出不同程度的参与意愿；面对同样的参与机会，享乐型目标导向的顾客比实用型目标导向的顾客具有更强的参与意愿。另外，享乐型目标导向的顾客更有可能认识并看重参与服务的抽象功能——作为表达自我的一种途径，从而愿意为此投入更多的时间与精力。

7.2.1.1 研究设计

研究七采用消费行为实验对相关假设做出检验。本次实验在一所综合性大学的消费行为实验室展开。实验信息通过在线广告的方式发布，参与者会获得一定的经济报酬。实验一共招募到 65 名大学生被试者，其中 47% 的被试者是男性，平均年龄是 21 岁。

实验要求被试者在电脑上完成一份问卷。在此过程中，被试者首先会阅读关于本次实验的简单介绍，接着按照要求尽可能仔细地回忆近期消费理发服务的经历。其次，被试者根据量表评价自己的消费目标，包括“通常你是如何看待理发这类服务的？（1 = 非常实用的，7 = 非常享乐的）”“通常你在做出购买理发服务的决策时主要是基于怎样的考虑？（1 = 理性的需求，7 = 感性的需求）”及“通常你在做出购买理发服务的决策时主要是依赖？（1 = 客观的分析，7 = 内心的感受）”等（Smith、Menon 和 Sivakumar，2005）（Cronbach's $\alpha = 0.75$）。再次，被试者会阅读并想象一个具体的服务情境，即在消费理发服务时，理发师邀请他参与设计自己的发型。针对这一情境，被试者需要在 7 点式李克特量表上标明自己的参与意愿（1 = 非常不愿意，7 = 非常愿意）。此外，他们也需要进一步指出在一次理发服务过程中，最多愿意为参与设计自己的发型投入多少时间（0 ~ 100 分钟）以及多少精力（1 = 极少的精力，7 = 尽可能多的精力）。最后，被试者只需根据自己的真实感受和想法，阐述自己在做出以上选择（是否愿意参与设计自己的发型及愿意为此投入多少时间和精力）时主要是基于怎样的考虑。在完成这份问卷后，被试者离开实验室并得到相应的酬劳。

7.2.1.2 研究结果

首先，基于全部数据的回归分析表明，消费目标对于顾客参与意愿具有显著的正向影响，即随着消费目标中享乐倾向（或享乐成分）的增加，顾客具有更高的参与服务生产的意愿 [$\beta = 0.28$，$t(63) = 2.02$，$p < 0.05$]。此外，回归分析的结果进一步表明，消费目标中享乐倾向越高，顾客愿意在参与服务生产过程中投入的时间 [$\beta = 4.55$，$t(63) = 2.45$，$p < 0.05$] 与精力 [$\beta = 0.48$，$t(63) = 2.72$，$p < 0.01$] 也就越多。

其次，考虑到消费目标通常被区分为享乐型与实用型这两种不同的类型，为了更清楚地展示本次实验的结果，接下来的比较分析将建立在对被试者分组的基础上。具体而言，根据实验中被试者对于个人消费目标的评价，将被试者区分为两个实验组。相关测量表明，所有被试者在消费目标这一量表上得分的中位数为3.00，基于此，分值低于或等于该中位数的33名被试者被划分为实用型消费目标组，而分值高于该中位数的32名被试者被划分为享乐型消费目标组。针对两个不同的实验组，本书通过方差分析（ANOVA）的方法确认了不同实验组之间在消费目标这一因素上显著的组间差异[$M_{实用型目标组}=1.82$ vs. $M_{享乐型目标组}=3.96$，$F(1, 63)=106.60$，$p<0.01$]，从而进一步支持分组的合理性。

再次，方差分析的方法被进一步应用于对相关假设的检验。分析结果表明，被试者所持有的消费目标类型不仅会影响他们在消费该服务时参与生产过程的意愿，而且还会影响他们愿意为这样的参与所投入的时间与精力。面对服务人员的邀请，持有享乐型消费目标的被试者比持有实用型消费目标的被试者具有更高的参与设计发型的意愿[$M_{实用型目标组}=4.59$ vs. $M_{享乐型目标组}=5.48$，$F(1, 63)=5.89$，$p<0.05$]。因此，H13得到支持。另外，相对于实用型目标导向组的被试者，享乐型目标导向组的被试者愿意为参与服务的生产过程投入更多的时间[$M_{实用型目标组}=24.16$分钟 vs. $M_{享乐型目标组}=36.85$分钟，$F(1, 63)=6.43$，$p<0.05$]及精力[$M_{实用型目标组}=2.25$ vs. $M_{享乐型目标组}=3.42$，$F(1, 63)=6.08$，$p<0.05$]。

最后，本书还邀请了两位对实验目的不知情的博士生，请他们对被试者在实验中所列出的真实想法与考虑进行文本分析。这两位博士生根据被试者描述的关键词对他们的考虑进行了分类及比较。其中，被试者对于展示、反映或表现个人特征（个性、个人独特性、个人身份等）的描述被提炼为对自我表达的考虑。文本分析结果表明，在享乐型消费目标组中，51%的被试者提到了在评价服务参与意愿时考虑到了自我表达（例如，“我希望在自己的发型中融入更多个性化的元素”以及“理发师的喜好和我自己的会不一样，所以我更愿意参与自己的发型设计，这样就能展现我自己独特的个性和审美观”)。然而，在实用型消费目标组中，只有25%的被试者提到了基于自我表达的考虑（$x^2=4.83$，$p<0.05$）。

7.2.1.3 讨论

研究七通过实证检验的方式支持了消费目标类型对于顾客在服务生产过程中参与意愿的影响。持有不同类型消费目标的顾客对于服务参与的渴望与看法也会有所不同。具体而言，面对在理发服务中参与共同设计个人发型的机会，持有享乐型消费目标的被试者比持有实用型消费目标的被试者展现出更高的参与意愿，而且愿意在参与过程中投入出更多的时间与精力。基于被试者列出的想法，本书发现，持有不同类型消费目标的被试者对于参与服务生产的看法也会有所不同，从而为不同的行为反应提供了依据。相对于持有实用型消费目标的被试者，持有享乐型消费目标的被试者更倾向于将参与服务生产视作一种自我表达的途径，即通过参与使服务的过程与结果展现出个人独特的一面或自己的相关特征。对于服务参与的这一抽象功能，本书将在接下来的实验中做进一步的验证。

对于不同类型消费目标的区分，研究七采用的方式是直接测量被试者真实的消费目标并根据所得数据的中位数将被试者分为两组。然而，基于中位数的这一分类方法存在一定的局限性，尤其在于人为放大了分值趋近中位数的被试者之间的差异（例如，针对消费目标测量的众数是3.00，得分是3.10的被试者被划分为享乐型消费目标组，而得分是2.90的被试者则被划分为实用型消费目标组，从而使对消费目标评价非常接近的两名被试者之间的差异被放大）。另外，对于划分出的两个实验组，除了持有的消费目标有所不同以外，很有可能在其他未知的方面也会有所差异（如过去的消费经历等）。假如这样的话，消费目标类型与参与意愿之间的因果关系就会受到质疑。因此，本书在接下来的实验中将采取其他不同的方式去区分潜在的不同类型的消费目标。

7.2.2 研究八：消费目标如何调节顾客参与对感知自我表达的影响

基于不同类型的消费目标，研究七探讨的是参与开始之前的阶段对参与意愿的影响，而研究八将要进一步探讨的是在参与过程中对参与者心理感知的影响。同时，研究七发现，持有不同类型消费目标的被试者对于参与服务生产的看法也有所不同，持有享乐型（vs. 实用型）消费目标的被试者更倾向于将参与服务生产视作一种自我表达的途径。因此，本研究有必要探析消费者在参与过程中的心理感知，从而验证服务参与作为自我表达途径的这一抽象功能是否真正得以实现。现有的文献表明，相对于持有实用型目标的顾客，持有享乐型目标的顾客更注重主观的体验而不是购买交易或实际的结果，从而更倾向于赋予服务过程抽象的或与自己相关的意义。因此，本书进一步推测，持有不同类型消费目标的顾客在参与服务生产的过程中会形成不同的感知与体验，持有享乐型（vs. 实用型）目标的顾客在参与过程中会形成更强的自我表达的感知。研究八的主要目的正是在于检验这一假设。

7.2.2.1 研究设计

研究八采用消费行为实验这一方法对相关假设做出检验。本次实验采用了2（消费目标类型：实用型 vs. 享乐型）×2（服务类型：旅行服务 vs. 健身服务）的双因素组间设计。共有121名大学生参与了此次实验，其中55.6%为男性，平均年龄为22岁。另外，57.0%的参与者是本科生，36.4%是硕士研究生，3.3%是博士研究生，其余的3.3%是MBA学生。所有的实验参与者被随机分配到四个实验组中。

在旅行服务组中，被试者阅读到的实验材料是关于购买某旅行社提供的会员服务以及关于服务项目的简单介绍。其后，本次实验通过让被试者阅读不同的情境，从而操纵了他们的消费目标。在实用型消费目标组中，被试者阅读并想象的情境是他（她）目前正在考虑毕业后到中国香港工作及发展，而购买这次旅行服务是希望在做出最后的决定前先到中国香港进行一次实地考察；在享乐型目标组中，被试者需要阅读并想象的情境是高校即将放暑假，他购买这次旅行服务是为了度假并且放松自己。之后，两组被试者均会阅读到在该旅行服务项目中由旅行社安排并固定下来的前三天的旅行路线，同时也被告知后两天的行程可以由消费者自己计划与安排。随后，本次实验邀请被试者当场设计后两天的旅行路线（在此过程中，被试者可以参照我们所提供的介绍材料，也可以上网查询中国香港的相关情况）。在完成这项参与后，被试者需要对参与过程中感知到的自我表达做出评价，并回答一些有关操纵检验及人口统计信息的问题。

在健身服务组中，被试者阅读到的实验材料是关于购买某健身俱乐部提供的半年期会员卡及其所包含的服务的简单介绍。其后，本次实验通过让被试者阅读不同的情境，从而操纵他们的消费目标。在实用型消费目标组中，被试者阅读并想象的情境是他购买这项健身服务是希望通过加强锻炼达到减肥（燃烧热量、消耗脂肪）与保持健康（增强心肺功能与身体协调性等）的目的；在享乐型目标组中，被试者需要阅读并想象的情境是他购买这项健身服务是为了在一天的学习生活后充分放松自己的身体与精神、忘却烦恼并享受运动带来的乐趣。之后，两组被试者均会阅读到一段初次到这间健身俱乐部体验的情境，即服务人员向顾客介绍该俱乐部及提供的各种健身项目后，邀请顾客参与设计自己的健身方案。随后，本次实验请被试者当场完成健身方案的设计（在此过程中，被试者可以参照实验中所提供的介绍材料）。在完成这项参与后，被试者同样需要对参与过程中感知到的自我表达做出评价，并回答一些有关操纵检验及人口统计信息的问题。

在本次实验中，所有变量的测量均采用了 7 点式李克特量表。为了验证对消费目标的操纵是否成功，本次实验要求被试者对自己在该情境中的消费目标进行评价：与研究七相同，实验采用“在上述情境中，你认为自己做出购买这项旅行服务的决策时主要是基于怎样的考虑？（1 = 理性的需求，7 = 感性的需求）”等三个题项用于测量被试者在实验中被启动的消费目标类型（Cronbach's $\alpha = 0.75$）。此外，“我认为此项服务为我提供了一种表达内心真实自我的途径”等六个题项用于测量被试者感知的自我表达（Higie 和 Feick，1989；Carroll 和 Ahuvia，2006；Mugge、Brunel 和 Schoormans，2011；Maimaran 和 Simonson，2011；Troye 和 Supphellen，2012）（Cronbach's $\alpha = 0.86$）。除此以外，本次实验还采用了两个问题用于测量感知到的定制化（Perceived Customization）：“这种服务模式令我可以获得根据个人需求而定制的服务”及“这种服务模式令我可以获得为自己量身打造的服务”（Srinivasan、Anderson 和 Ponnavolu，2002）（Cronbach's $\alpha = 0.89$）。另外两个问题用于测量感知控制：“我所获得的服务质量取决于我对服务过程的投入”及“我相信自己在服务过程中的表现会影响我最终获得的服务”（Bradley 和 Sparks，2002）（Cronbach's $\alpha = 0.82$）。

7.2.2.2 研究结果

（1）操纵检验。方差分析的结果（ANOVA）表明，在旅行服务中，度假组（享乐型消费目标组）的被试者显著地比考察组（实用型消费目标组）的被试者认为自己的消费目标更加享乐［$M_{实用型目标组} = 4.83$ vs. $M_{享乐型目标组} = 5.42$，$F(1, 58) = 11.13$，$p < 0.01$］。同样，在健身服务中，放松组（享乐型消费目标组）的被试者显著地比减肥组（实用型消费目标组）的被试者认为自己的消费目标更加享乐［$M_{实用型目标组} = 3.30$ vs. $M_{享乐型目标组} = 4.97$，$F(1, 59) = 41.03$，$p < 0.01$］。从而表明，本次实验对于消费目标类型的操纵是成功的。

（2）旅行服务组。以感知的自我表达作为因变量，消费目标类型作为自变量进行方差分析（ANOVA）。结果表明，不同类型的消费目标对于被试者在参与过程中感知的自我表达具有显著影响（见图 7－1）。享乐型消费目标组的被试者比实用型消费目标组的被试者在参与设计旅行路线的过程中感知到了更强的自我表达 [$M_{实用型目标组}=4.60$ vs. $M_{享乐型目标组}=5.28$，$F(1, 58)=7.06$，$p<0.01$]。因此，H14 得到支持。另外，不同类型的消费目标对于被试者感知的定制化 [$M_{实用型目标组}=4.93$ vs. $M_{享乐型目标组}=5.05$，$F(1, 58)=0.20$，$p>0.60$] 与感知控制 [$M_{实用型目标组}=5.09$ vs. $M_{享乐型目标组}=5.01$，$F(1, 58)=0.18$，$p>0.60$] 均不存在显著影响。

（3）健身服务组。类似地，以感知的自我表达作为因变量，以消费目标类型作为自变量进行方差分析（ANOVA）。结果表明，在健身服务中，不同类型的消费目标对于被试者在参与过程中感知的自我表达也具有显著影响（见图 7－1）。享乐型目标组的被试者比实用型目标组的被试者在参与设计健身方案的过程中感知到了更强的自我表达 [$M_{实用型目标组}=4.37$ vs. $M_{享乐型目标组}=5.04$，$F(1, 59)=6.62$，$p<0.01$]。因此，H14 再次得到支持。另外，不同类型的消费目标对于被试者感知的定制化 [$M_{实用型目标组}=4.60$ vs. $M_{享乐型目标组}=5.28$，$F(1, 59)=0.07$，$p>0.70$] 与感知控制 [$M_{实用型目标组}=5.12$ vs. $M_{享乐型目标组}=5.01$，$F(1, 59)=0.20$，$p>0.60$] 均不存在显著影响。

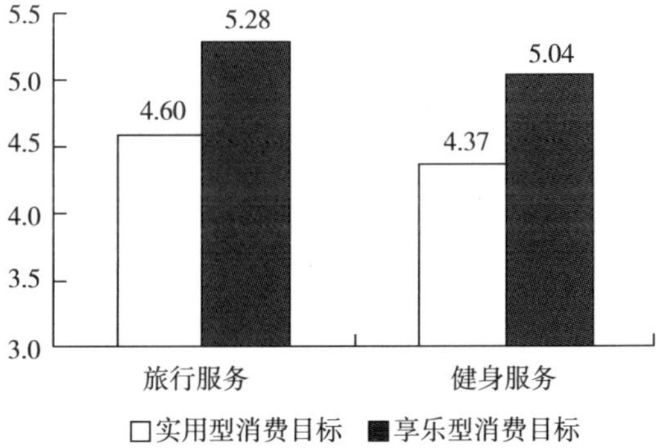

图 7－1　消费目标对于感知自我表达的影响

7.2.2.3　讨论

研究八的结果充分表明，消费目标类型的确会影响顾客在参与服务过程中的心理感知。通过在实验中操纵不同类型的消费目标，本书发现，在消费目标类型的影响下，顾客在参与过程中心理感知的主要差异并不是表现于感知的定制化或感知控制，而是表现于感知的自我表达。面对同样的参与机会，本书推测，实用型目标导向的消费者更注重如何通过自己的参与从而更好地实现服务的功效与预期结果，而享乐型目标导向的消费者更注重参与服务能够带来的独特体验以及在此过程中所创造的与个人相关的象征意义。实验结果正如研究的预期那样，不管是在旅行服务中还是在健身服务中，享乐型目标导向的顾客均比实用型目标导向的顾客在参与服务过程中形成了更强的自我表达感知。另外，本书推测，在参与服务过程中所形成的不同的心理感知将会进一步影响顾客对服务的评价。基于此，在接下来的实验中将继续验证相关假设。

7.2.3　研究九：消费目标如何调节顾客参与对服务评价的影响

对于服务提供者而言，是否应该在服务生产过程中融入顾客参与一直是一个影响服务提供模式的关键问题。通过对比没有顾客参与和有顾客参与这两种不同的服务模式，以往的研究着重于探讨顾客参与（vs. 没有参与）对于服务评价的影响，但得出的结论却不太一致。研究八的结果已表明，持有不同类型目标的顾客在参与过程中所形成的心理感知与满足也会有所不同。因此，本书推测，顾客参与对服务评价的影响会受到消费目标类型这一情境因素的影响。当顾客持有享乐型而非实用型消费目标时，参与过程中所能获得的自我表达会使参与本身（vs. 没有参与）对服务评价产生更大的正向影响。而研究九的主要目的是探索及验证消费目标对顾客参与影响效果的调节作用。

7.2.3.1 研究设计

研究九采用消费行为实验的方法对相关假设进行检验。本次实验采用了2（消费目标类型：实用型 vs. 享乐型）×2（顾客参与：没有参与 vs. 参与）的双因素组间设计。共有129名大学生参与了此次实验，其中45.5%为男性，平均年龄为20.4岁。所有的实验参与者被随机分配到四个实验组中。

整个实验通过电脑完成，每个被试者在独立的小隔间内完成实验。隔间两侧有高150cm的隔板，确保被试者在实验过程中不受干扰，并且无法得知其他被试者所看到的实验材料。当进入实验室后，被试者被告知他们将参与一项服务评价的实验，而本次实验希望了解他们对给定的服务情境会做出怎样的评价。本次实验所选定的服务类型是为大学生群体所熟知的个人写真摄影服务。整个实验由两个部分组成，实验的第一部分操纵了消费目标类型。与前两个实验不同，本次实验采取阅读广告这一间接的方式去操纵被试者的消费目标。针对这项个人写真摄影服务，本次实验首先设计了两则不同的广告：一则采用理性诉求，另一则采用感性诉求。采用理性诉求的广告强调摄影是一种记录，并推荐消费者购买这项校园写真摄影服务为自己的大学生活留一份记录；采用感性诉求的广告则强调摄影是一种艺术，并推荐消费者购买这项校园写真摄影服务去体验这一艺术，同时也为自己的青春留一份纪念。对这两则广告的预测试表明，它们能够成功激发不同类型的消费目标，即采用理性诉求的广告激发了实用型消费目标，而采用感性诉求的广告则激发了享乐型的消费目标。在经过预测试后，这两则广告被运用于正式的实验中。在实用型消费目标组的被试者看到的是采用理性诉求的广告，而在享乐型消费目标组的被试者看到的是采用感性诉求的广告。

实验的第二部分操纵了被试者在这项服务过程中的参与情况。没有参与服务组与参与服务组的被试者都被要求阅读一段情境，里面描述了消费这项校园写真摄影服务的经历。不同的地方在于，在没有参与组，被试者阅读到的情境是整个服务（包括造型、服装、与摄影等）全部由这间摄影工作室提供，意味着消费者只需接受而没有参与服务的提供；然而，在参与组的被试者阅读到的情境则是尽管整个服务过程可以全部由这间摄影工作室提供，但在服务人员的邀请下，他最终选择了自己为这次拍摄准备相应的服装（3套）。为了使参与服务的情境更加生动逼真，本次实验要求参与组的被试者在充分想象这一情境后列出他们最有可能会为这次拍摄准备的服装。在经过这两部分的操纵后，所有实验组的被试者需要对给定的服务情境做出评价，指出他们的感知价值与满意度等，并回答一些有关操纵检验及人口统计信息的问题。另外，在参与组的被试者还需指出他们在参与服务过程中感知到的自我表达。

在本次实验中，所有变量的测量均采用了7点式李克特量表。作为操纵检验，本次实验采用了两个问题测量被试者对于不同广告诉求的感知（1 = 诉诸消费者的客观需要/强调了这项服务的实用性质，7 = 诉诸消费者的感性需求/强调了这项服务带来的享乐感受）。另外，为了进一步验证对于消费目标的操纵是否成功，本次实验要求被试者对自己在该情境中的消费目标进行了评价，所采用的量表与研究八相同。此外，本次实验对于感知的自我表达、顾客满意度的测量也与前面的实验相同。另外，基于前人的量表（Smith 和 Colgate，2007；Chen 和 Hu，2009），本次实验设置了六个问题用于测量感知的象征价值，包括“这次摄影服务令我产生了良好的感觉”“这项服务令我感觉到心理上的满足”“对于我而言，这项服务非常具有个人意义”“对于我而言，这项服务非常具有社会意义”“这项服务有助于我在其他人面前留下好印象”以及“总体而言，我在这项服务中的经历是非常有价值的”（1 = 非常不认同，7 = 非常认同；Cronbach's $\alpha = 0.86$）。

7.2.3.2 研究结果

（1）操纵检验。方差分析（ANOVA）的结果表明，被试者能够很好地区分不同的广告诉求，认为采用感性诉求的广告比采用理性诉求的广告更强调服务提供的享乐型利益而非功能或工具性质的利益［$M_{理性诉求广告}$ = 4.40vs. $M_{感性诉求广告}$ = 6.27，$F(1, 127) = 78.22$，$p < 0.01$］。更为重要的是，这两则不同的广告激发了不同类型的消费目标。相对于观看理性诉求广告的被试者，观看感性诉求广告的被试者认为自己的消费目标更加享乐［$M_{理性诉求广告}$ = 4.75vs. $M_{感性诉求广告}$ = 5.38，$F(1, 127) = 9.24$，$p < 0.01$］。从而表明，本次实验对于消费目标类型的操纵是成功的。

（2）感知的自我表达。以感知的自我表达作为因变量，顾客参与、消费目标类型以及它们的交互项作为自变量进行方差分析（ANOVA）。结果表明，顾客参与对感知自我表达的主效应影响显著［$F(1, 125) = 13.44$，$p < 0.01$］；总体来看，参与服务组的被试者比没有参与服务组的被试者感知到更强的自我表达。此外，消费目标类型对于感知自我表达的主效应影响不显著［$F(1, 125) = 2.70$，$p > 0.10$］，但消费目标类型与顾客参与之间的交互效应对感知自我表达的影响［$F(1, 125) = 4.85$，$p < 0.05$］（见图7－2）。进一步对比的结果表明，对于享乐型消费目标组，顾客参与对被试者感知的自我表达具有正向的影响，即参与组的被试者比没有参与的被试者从服务体

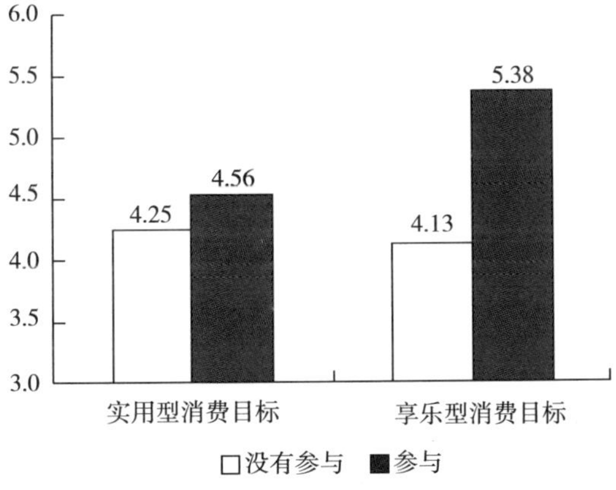

图7－2　顾客参与和消费目标类型的交互作用对感知自我表达的影响

验中感知到更强的自我表达［$M_{没有参与} = 4.13$ vs. $M_{参与} = 5.38$，$F(1, 64) = 22.10$，$p < 0.01$］；然而，对于实用型消费目标组，顾客参与对被试者感知的自我表达则不存在显著的影响［$M_{没有参与} = 4.25$ vs. $M_{参与} = 4.56$，$F(1, 61) = 0.86$，$p > 0.10$］。因此，H15 得到支持。

为了进一步探讨这种自我表达的感知是基于实际的参与过程还是顾客的臆想，笔者邀请了两位对实验目的不知情的博士生对被试者列举的摄影服装进行了分析。这两位博士生分别根据被试者的描述做出评价，指出他们是否能从被试者所列举的服装推断出被试者的偏好品位、个性特征、个人身份及个人形象等（7 点式量表；1 = 非常没有可能，7 = 非常可能）。结果表明，在他人看来，持有享乐型（vs. 实用型）消费目标的被试者所准备的摄影服装，如长衫、中山装、汉服、旗袍等更能反映出与个人相关的喜好与特征。由此表明，相对于持有实用型消费目标的顾客，持有享乐型消费目标的顾客在参与过程中更有可能受内在的自我支配，同时更注重的是自己内在的喜好与主张而不是外在的标准。这一结果也间接印证了持有不同类型消费目标的顾客为何在参与过程中会形成不同程度的感知的自我表达。

（3）感知的象征价值。接下来，以感知的象征价值作为因变量，以顾客参与、消费目标类型以及它们的交互项作为自变量进行方差分析（ANOVA）。结果表明，顾客参与对感知象征价值的主效应影响显著［$F(1, 125) = 9.34$，$p < 0.01$］；总体来看，参与服务组的被试者比没有参与服务组的被试者感知的象征价值更高。此外，消费目标类型对于感知象征价值的主效应影响不显著［$F(1, 125) = 2.24$，$p > 0.10$］，但消费目标类型与顾客参与之间的交互效应对感知象征价值的影响显著［$F(1, 125) = 5.99$，$p < 0.05$］（见图 7－3）。进一步对比的结果表明，对于享乐型消费目标组，顾客参与对被试者感知的象征价值具有正向的影响，即参与服务组的被试者比没有参与组的被试者从服务体验中感知到更高的象征价值［$M_{没有参与} = 4.30$ vs. $M_{参与} =$

5.49, $F(1, 64)=7.07$, $p<0.05$]；然而，对于实用型消费目标组，消费者参与对被试者感知的象征价值则不存在显著的影响［$M_{没有参与}=4.51$ vs. $M_{参与}=4.63$, $F(1, 61)=0.51$, $p>0.40$]。因此，H16 得到支持。

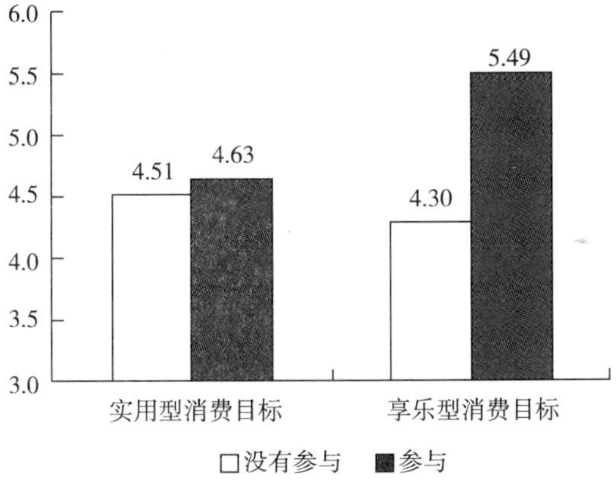

图 7-3　顾客参与和消费目标类型的交互效应对感知象征价值的影响

如前文所述，本书推测，顾客参与和消费目标类型的交互效应直接作用于顾客感知的自我表达，并且通过调节感知自我表达的水平最终影响顾客感知到的服务赋予的象征价值。为了验证感知自我表达在此过程中潜在的中介作用，本书进行了相关检验。首先，以顾客感知的象征价值作为因变量，以顾客参与、消费目标类型以及它们的交互项作为自变量，以感知的自我表达作为协变量进行方差分析。结果表明，当控制住感知自我表达的水平后，顾客参与和消费目标类型的交互作用不再显著［$F(1, 122)=0.78$, $p>0.10$]，而感知自我表达的影响作用仍然显著［$F(1, 122)=4.82$, $p<0.05$]。其次，参照 Hayes（2013）提供的方法，以顾客感知的象征价值作为因变量、感知的自我表达作为中介变量、顾客参与和消费目标类型的交互项作为自变量，进行了基于调节作用的中介效应分析（Mediated Moderation

Test)。Bootstrapping 检验（Hayes，2013）的结果支持了感知自我表达的中介作用［$\beta = 0.95$，lower 95% CI = 0.44，upper 95% CI = 1.78］，即顾客参与和消费目标类型的交互作用通过感知自我表达的中介作用对顾客感知的象征价值产生影响。因此，H17 得到支持。

（4）顾客满意度。以顾客满意度作为因变量，顾客参与、消费目标类型以及它们的交互项作为自变量进行方差分析（ANOVA）。结果表明，顾客参与对其服务满意度评价的主效应影响显著，参与组的被试者比没有参与组的被试者对于服务的满意度更高［$M_{没有参与} = 4.68$ vs. $M_{参与} = 5.25$，$F(1, 125) = 5.60$，$p < 0.05$］。另外，不同类型的消费目标和顾客参与之间也存在显著的交互效应［$F(1, 125) = 5.19$，$p < 0.05$］。如图 7－4 所示，对于享乐型消费目标组，顾客参与对其服务满意度评价存在正向的影响，即参与组的被试者比没有组的被试者对于服务的满意程度更高［$M_{没有参与} = 4.48$ vs. $M_{参与} = 5.59$，$F(1, 64) = 9.73$，$p < 0.01$］；然而，对于实用型消费目标组，顾客参与对其服务满意度评价则不存在显著的影响［$M_{没有参与} = 4.89$ vs. $M_{参与} = 4.91$，$F(1, 61) = 0.004$，$p > 0.10$］。因此，H18 得到支持。

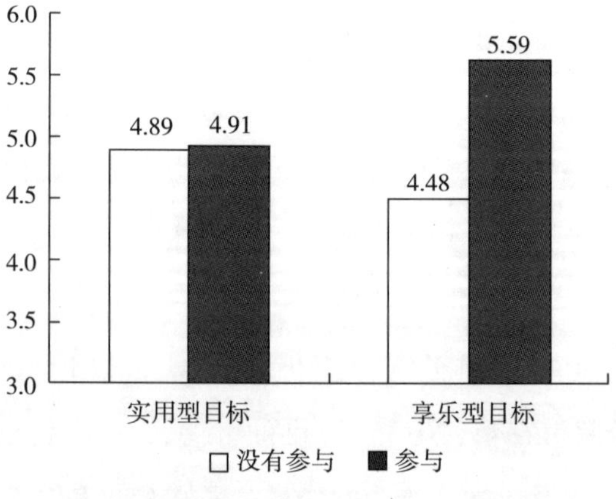

图 7－4　顾客参与和消费目标类型的交互效应对顾客满意度的影响

如前文所述，本书推测，顾客参与和消费目标类型之间的交互效应通过调节感知自我表达的水平最终影响到顾客对于服务的满意度评价。换言之，由于顾客在参与过程中感知到更多基于自我表达的心理收益，他们对服务的满意度评价也随之提高。为了验证感知自我表达在此过程中所发挥的中介作用，本书进行了相关检验。首先，以顾客满意度作为因变量，顾客参与、消费目标类型以及它们的交互项作为自变量，感知自我表达作为协变量，进行方差分析。结果表明，当控制住感知自我表达的水平后，顾客参与和消费目标类型之间的交互作用不再显著［$F(1, 122)=0.74$，$p>0.30$］。其次，参照 Hayes（2013）提供的方法，以顾客满意度作为因变量、以感知自我表达作为中介变量、以顾客参与和消费目标类型之间的交互项作为自变量，进行了基于调节作用的中介效应分析（Mediated Moderation Test）。Bootstrapping 检验（Hayes，2013）的结果支持了感知自我表达的中介作用（$\beta=0.78$，lower 95% CI =0.24，upper 95% CI =1.33），即顾客参与和消费目标类型之间的交互作用通过感知自我表达的中介作用对顾客满意度产生影响。因此，H19 也得到了支持。

7.2.3.3 讨论

广大学者与营销实践者共同关注的一个话题在于，鼓励顾客参与服务过程是否有助于提升他们对于服务的满意度。针对这一问题，本次实验的结果表明，顾客参与对其服务满意度的影响并不是必然存在的，而是会受到消费目标类型这一情境因素的调节。值得注意的是，对于持有享乐型消费目标的顾客而言，参与服务过程比被动接受服务会引致更高的满意度；然而对于持有实用型消费目标的顾客而言，是否参与服务过程的意义则大为减弱，他们对于服务的评价并没有受到自身参与情况的影响。

俗话说，知其然，更应知其所以然。本研究也深入探讨了为什么参与服务对于享乐型消费目标导向的顾客更为重要。实验结果表明，在参与服务过程中，享乐型消费目标导向的顾客比实用型消费目标导向的顾客形成了更强的自我表达感知。由于自己的参与，享乐型目标导向的顾客从服务中获得了更大的心理益处与满足，同时也创造并收获了更多的象征价值。因此，相对于没有参与的情境，享乐型目标导向的顾客在参与情境中形成了更高的满意度。然而，在实用型消费目标的影响下，参与服务并没有顺利成为顾客表达自我的途径。因此，相对于没有参与的情境，如果不存在其他的利益（如更低的价格或更快捷的服务），实用型目标导向的顾客很难从参与情境中寻找到更多的价值，从而也就不可能形成更高的满意度。另外，本次实验也支持了感知自我表达所发挥的中介作用，即顾客参与是通过调节感知自我表达的水平继而影响到顾客感知的象征价值及其服务满意评价满意度。换句话而言，本书认为，其实是顾客在参与过程中创造出的意义和价值而非顾客参与行为本身最终决定了顾客的满意度。这一潜在机制的运作会受到消费目标类型的影响，享乐型（vs. 实用型）消费目标促进（vs. 抑制）了参与过程自我表达感知的逐渐累积与增强。

7.2.4　研究十：消费目标对顾客参与效应的调节作用

尽管研究九的结果已经支持了消费目标类型对于顾客参与影响效果的调节作用，但值得注意的是，在研究九的服务情境中由于顾客的参与从而可能带来不同的服务结果与体验。此外，顾客参与同时也意味着消费者选择集的扩大。也就是说，相对于没有参与的服务模式，参与模式对于消费者而言可能意味着更多的选择。考虑到研究九中存在的局限以及潜在的干扰因素，研究十希望在更严格的控制情形下再次验证消费目标类型的调节作用。因此，本书不仅变换了不同的服务类型以此验证消费目标类型调节作用的可推广性，而且也通过控制不同实验组中的服务结果来验证消费目标类型调节作用的稳定性。

7.2.4.1 研究设计

研究十仍然采用消费行为实验的方法对相关研究假设做出检验，实验仍然采用2（消费目标类型：实用型 vs. 享乐型）×2（顾客参与程度：低 vs. 高）的双因素组间设计。共有127名大学生参与了此次实验，其中59.5%为男性，91.3%的参与者年龄为21～30岁。所有的实验参与者被随机分配到四个实验组中。

本次实验所选定的服务类型同样是为大学生群体所熟知的健身服务。被试者阅读到的实验材料是关于购买某健身俱乐部提供的半年期会员卡及其所包含的服务的简单介绍。首先，本次实验通过提供不同的阅读材料来操纵被试者的消费目标。实用型目标组的被试者与享乐型目标组的被试者会分别阅读一段介绍健身益处的材料。前者阅读的材料是关于健身的功能性益处，包括保持健康与塑造形体等；后者阅读的材料是关于健身的心理或者说精神益处，包括舒缓压力、放松身心及调整状态等。其次，本次实验通过设置不同的服务情境操纵被试者在这项服务过程中的参与情况。具体而言，高参与组的被试者阅读到的情境是在初次服务体验中，服务人员向他介绍了该健身俱乐部及其提供的各种健身项目并邀请他参与设计自己的健身方案；而低参与组的被试者阅读到的情境是在初次服务体验中，服务人员不仅向他介绍了该健身俱乐部及其提供的各种健身项目，而且根据他提供的个人信息为他设计了专属的健身方案。接着，所有被试者均会看到一张完整的健身方案，但不同的地方在于高参与组的被试者被告知这是由他自己所设计的，而低参与组的被试者则被告知这是由服务人员根据他的个人情况为其专门设计的健身方案。最后，实验人员请所有实验组的被试者对给定的服务情境做出评价，指出他们的感知自我表达、感知象征价值与满意度等，并回答一些有关操纵检验及人口统计信息的问题。在被试者完成本次实验后，实验人员向他们表达了感谢并支付了一定的报酬。

本次实验采用了与研究九相同的量表测量相关的变量，包括感知的自我表达、感知的象征价值、顾客满意度等。另外，考虑到实验情境涉及的只是半年会员服务期限中的初次消费，因此，本次实验不仅测量了被试者对于本次服务体验的满意程度，而且也测量了被试者对后续服务体验的预期满意度："你认为自己会在多大程度上喜欢并享受这项健身服务？（1 = 非常不喜欢，7 = 非常喜欢）""你认为自己对这项健身服务的满意程度会如何？（1 = 非常不满意，7 = 非常满意）""你在多大程度上确信你会喜欢这项健身服务？（1 = 非常不确信，7 = 非常确信）"以及"你认为这项健身服务体验能令你产生多好的感受？（1 = 非常不好，7 = 非常良好）"（Botti 和 McGill，2011）。

7.2.4.2 研究结果

（1）操纵检验。方差分析的结果（ANOVA）表明，享乐型消费目标组的被试者比实用型消费目标组的被试者认为自己本次消费中有更高的寻求享乐倾向，而且两组被试者之间的差异显著［$M_{实用型目标} = 3.40$ vs. $M_{享乐型目标} = 4.47$，$F(1, 125) = 13.49$，$p < 0.01$］。从而表明，本次实验对于消费目标的操纵是成功的。此外，高参与组的被试者比低参与组的被试者认为自己在服务过程中的参与程度更高，组间差异显著［$M_{低参与} = 3.95$ vs. $M_{高参与} = 5.04$，$F(1, 125) = 29.27$，$p < 0.01$］。由此表明，本次实验对于顾客参与程度的操纵也是成功的。

（2）感知的自我表达。本研究以感知的自我表达作为因变量，以消费目标类型、顾客参与以及它们的交互项作为自变量进行方差分析（ANOVA）。结果表明，顾客参与程度对感知自我表达的主效应影响显著（$F(1, 123) = 8.61$，$p < 0.01$）；总体来看，高参与组的被试者比低参与组的被试者感知到更强的自我表达。此外，消费目标类型对于感知自我表达的主效应影响不显著［$F(1, 123) = 2.27$，$p > 0.10$］，但消费目标类型与顾客参与程度之间存在显著的交互效应（$F(1, 123) = 5.82$，$p < 0.05$）（见图 7 -5）。进一步对比的结果表明，对于享乐型消费目标组，顾客参与程度对被试者感知的自我表达具有正向的影响，即高参与组的被试者比低参与的被试者从服务体验中感知到更强的自我表达［$M_{低参与} = 3.72$ vs. $M_{高参与} = 5.09$，$F(1, 63) = 17.86$，$p < 0.01$］；然而，对于实用型消费目标组而言，顾客参与程度对被试者感知的自我表达则不存在显著的影响［$M_{低参与} = 3.95$ vs. $M_{高参与} = 4.09$，$F(1, 60) = 0.71$，$p > 0.10$］。因此，H15 再次得到支持。

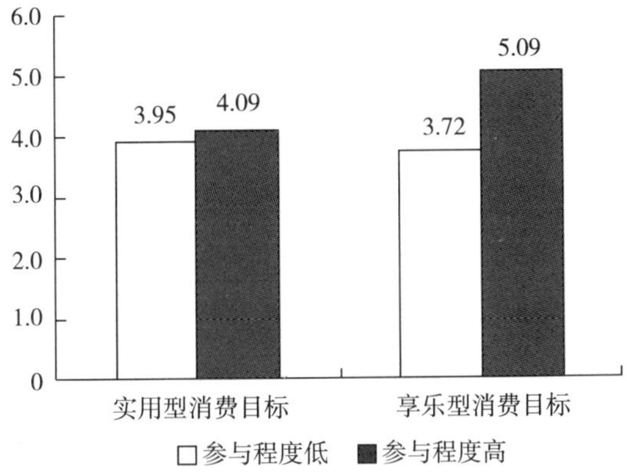

图 7 -5　顾客参与和消费目标类型的交互效应对感知自我表达的影响

（3）感知的象征价值。以感知的象征价值作为因变量，以顾客参与程度、消费目标类型以及它们的交互项作为自变量进行方差分析（ANOVA）。结果表明，顾客参与程度对于感知象征价值的主效应影响显著，高参与组的被试者比低参与组的被试者感知到更高的象征价值［$M_{低参与} = 3.72$ vs. $M_{高参与} = 5.09$，$F(1, 123) = 5.75$，$p < 0.05$］。此外，消费目标类型对于感知象征价值的主效应影响边际显著［$F(1, 123) = 3.64$，$p = 0.06$］，消费目标类型与顾客参与程度之间的交互作用对感知象征价值的影响也显著［$F(1, 123) =$

4.31，$p<0.05$］（见图7－6）。进一步对比的结果表明，对于享乐型消费目标组，顾客参与程度对感知象征价值具有显著的正向影响，即高参与组的被试者比低参与组的被试者从服务体验中感知到更多的象征价值［$M_{低参与}=4.16$ vs. $M_{高参与}=5.20$，$F(1,63)=12.44$，$p<0.01$］；然而，对于实用型消费目标组而言，顾客参与程度对其感知的象征价值则不存在显著影响［$M_{低参与}=4.20$ vs. $M_{高参与}=4.27$，$F(1,60)=0.40$，$p>0.10$］。因此，H16再次得到支持。

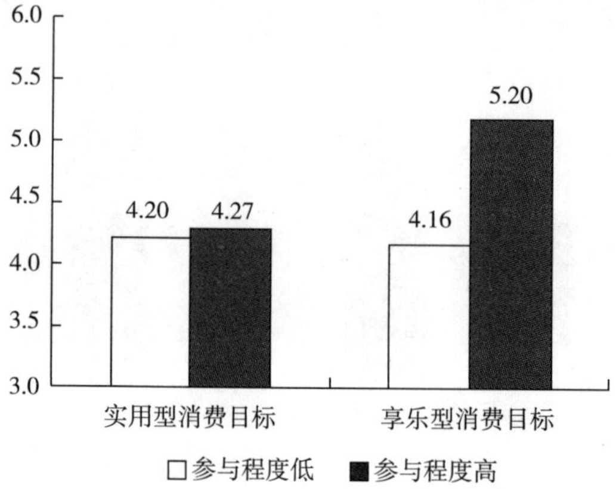

图7－6　顾客参与和消费目标类型的交互作用对感知象征价值的影响

为了验证感知的自我表达在此过程中所发挥的中介作用，本书进行了相关检验。首先，以顾客感知的象征价值作为因变量，顾客参与程度、消费目标类型以及它们的交互项作为自变量，感知自我表达作为协变量，进行了方差分析。结果表明，当控制感知自我表达的水平后，顾客参与程度和消费目标类型的交互作用不再显著［$F(1,122)=2.69$，$p>0.10$］，而感知自我表达的影响作用显著［$F(1,122)=3.72$，$p=0.05$］。另外，参照Hayes（2013）提供的方法，以顾客感知的象征价值作为因变量、以感知自我表达作为中介变量、以顾客参与和消费目标类型的交互项作为自变量进行了基于调节作用的中介效应分析（Mediated Moderation Test）。Bootstrapping 检验（Hayes，2013）的结果支持了感知自我表达的中介作用（$\beta = 0.40$，lower 95% CI = 0.38；upper 95% CI = 1.31），即顾客参与和消费目标的交互作用通过感知自我表达的中介作用对顾客感知的象征价值产生影响。因此，H17 再次得到支持。

（4）顾客对本次服务的满意度。以顾客对初次服务体验的满意度作为因变量，以顾客参与程度、消费目标类型以及它们的交互项作为自变量进行方差分析（ANOVA）。结果表明，顾客参与程度的主效应影响［$F(1, 123) = 1.78$，$p > 0.10$］以及消费目标类型的主效应影响［$F(1, 123) = 0.57$，$p > 0.10$］均不显著。但是，顾客参与程度和消费目标类型之间的交互作用对本次服务满意度的影响在 90% 的置信水平上边际显著［$F(1, 123) = 3.52$，$p = 0.06$］。如图 7 -7 所示，对于享乐型消费目标组，顾客参与对其服务满意度评价具有显著的正向影响，即高参与组的被试者比低参与组的被试者对于服务的满意度更高［$M_{低参与} = 4.70$ vs. $M_{高参与} = 5.42$，$F(1, 63) = 6.06$，$p < 0.05$］；然而，对于实用型消费目标组来说，顾客参与程度对其满意度评价则不存在显著的影响［$M_{低参与} = 4.95$ vs. $M_{高参与} = 4.83$，$F(1, 60) = 1.25$，$p > 0.10$］。因此，H18 再次得到了支持。

为了验证感知自我表达在此过程中所发挥的中介作用，本书进行了相关检验。首先，以顾客满意度作为因变量，以顾客参与程度、消费目标类型以及它们的交互项作为自变量，以感知自我表达作为协变量进行了方差分析。结果表明，当控制感知自我表达的水平后，顾客参与程度和消费目标类型的交互作用不再显著［$F(1, 122) = 0.74$，$p > 0.30$］。其次，参照 Hayes（2013）提供的方法，以顾客对本次服务的满意度作为因变量、以感知自我表达作为中介变量、以顾客参与和消费目标类型的交互项作为自变量进行了

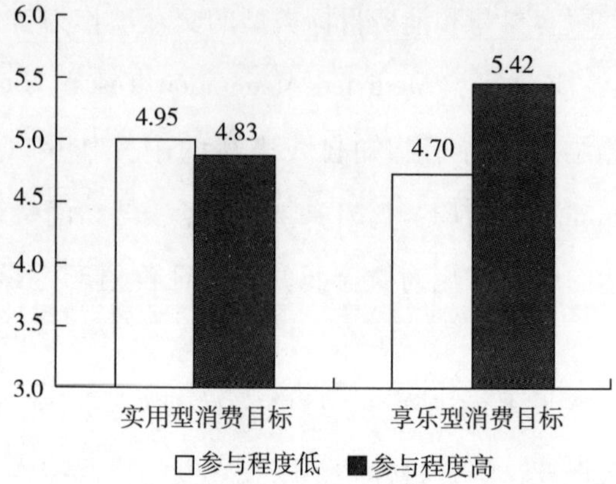

图 7－7　顾客参与和消费目标类型的交互作用对于本次服务满意度的影响

基于调节作用的中介效应分析（Mediated Moderation Test）。Bootstrapping 检验（Hayes，2013）的结果支持了感知自我表达的中介作用（$\beta=0.48$，lower 95% CI = 0.06；upper 95% CI = 0.91），即顾客参与和消费目标的交互作用通过感知自我表达的中介作用对顾客满意度评价发挥影响。因此，H19 再次得到支持。

（5）顾客对后续服务的预期满意度。考虑到本次实验的情境涉及的只是半年会员服务期限中的初次消费，因此，本书不仅考虑了顾客对本次服务体验的满意程度，而且进一步考虑了顾客参与和消费目标类型对顾客后续服务预期的影响。以顾客对后续服务的预期满意度作为因变量，以顾客参与程度、消费目标类型以及它们的交互项作为自变量进行方差分析（ANOVA）。结果表明，顾客参与程度和消费目标类型之间也存在显著的交互效应［$F(1, 123)=4.01$，$p<0.05$］。如图 7－8 所示，对于享乐型消费目标组，顾客参与对其预期满意度具有显著的正向影响。尽管面对的是同样一份健身方案，参与程度高的被试者比参与程度低的被试者对于后续服务的预期满意度更高［$M_{低参与}=4.63$ vs. $M_{高参与}=5.42$，$F(1, 63)=7.22$，$p<0.05$］。然而，

对于实用型消费目标组而言，顾客参与对其预期满意度则不存在显著的影响 [$M_{低参与}=4.93$ vs. $M_{高参与}=4.81$，$F(1, 60)=1.08$，$p>0.10$]。

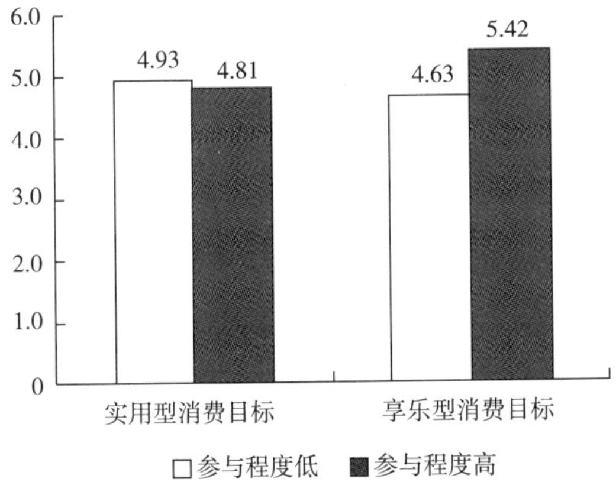

图 7－8　顾客参与和消费目标类型的交互作用对预期满意度的影响

以顾客预期满意度作为因变量，以顾客参与程度、消费目标类型以及它们的交互项作为自变量，以感知自我表达作为协变量进行方差分析。结果表明，当控制感知自我表达的水平后，顾客参与程度和消费目标类型的交互作用不再显著 [$F(1, 122)=0.33$，$p>0.10$]，而感知自我表达的影响作用仍然显著 [$F(1, 122)=20.45$，$p<0.01$]。此外，以顾客预期满意度作为因变量，以感知自我表达作为中介变量，以顾客参与和消费目标类型的交互项作为自变量进行了基于调节作用的中介效应分析（Mediated Moderation Test）。Bootstrapping 检验（Hayes，2013）的结果同样也支持了感知自我表达的中介作用（$\beta=0.39$，lower 95% CI = 0.05；upper 95% CI = 0.75），即顾客参与和消费目标类型的交互作用通过感知自我表达间接影响了顾客对后续服务的预期满意度。

7.2.4.3 讨论

与研究九的结果类似，本次实验的结果再次支持了消费目标类型的调节作用。换句话而言，顾客参与并不总是对服务评价产生积极影响，两者之间的影响关系会受到消费目标类型的调节。即使面对同样的服务结果，对于持有享乐型目标的顾客，在参与程度较高时比参与程度较低时感知到的自我表达程度以及服务给予的象征价值都会更高；然而对于持有实用型目标的顾客而言，参与行为的意义则大为减弱，他们对于服务的评价并没有受到自身参与情况的影响。另外，消费目标类型对于顾客参与影响效果的调节作用不仅作用于顾客目前的满意度，而且还进一步作用于顾客对于后续服务的预期。对于影响机制的分析表明，相对于低参与程度的服务模式，持有享乐型目标的顾客在高度参与价值共创的模式中实现及感知到了更强烈的自我表达，从而获得了更多的象征价值，同时也使顾客对服务更加满意。然而，持有实用型目标的顾客很难将参与服务视作一种自我表达的途径，从而阻碍了参与过程中象征价值的创造，最终限制了服务满意度的提升。感知在此影响过程中所发挥的中介作用也再次得到了实验结果的支持。值得注意的是，本次实验中并没有要求被试者亲自动手参与，而服务的结果也不是源于被试者的实际参与，但仍然观察到了以上结果。从而表明，消费类型目标对于服务参与及服务评价的影响不仅可以源于实际参与时的心理感知，也可以源于顾客在这些目标影响下对服务参与所形成的不同理解与认知。

另外，本次实验不仅控制了服务的结果，而且也测量了被试者在不同情境下的情绪反应。但是，并没有发现不同实验组的被试者在正面及负面情绪反应上的差异，从而排除了情绪因素的潜在影响。这一结果也间接表明，参与服务过程中的自我表达对于服务评价的影响机制更多的是基于消费者的理性认知而不是情绪的反应。

7.2.5 研究十一：消费目标和顾客参与努力的交互作用

7.2.5.1 研究设计

本研究将对顾客参与的探讨做进一步延伸，希望考察参与努力这一因素的潜在影响。本研究的主要目的在于实证检验消费目标类型是否会调节顾客在参与过程中投入的努力对于服务评价的影响。本研究提出，持有不同类型目标的顾客对于参与努力的看法与理解也会有所不同；并且进一步推测，对于实用型消费目标导向的顾客而言，参与努力通常被视作一种成本或消耗，从而对服务评价产生负向的影响。相反，对于享乐型消费目标导向的顾客而言，参与努力通常被视作一种投入，有助于增强自我表达，从而会对服务评价产生正向的影响。

研究十一仍然采用消费行为实验的方法对以上研究假设进行检验。实验采用了2（消费目标类型：实用型 vs. 享乐型）×2（参与努力：低 vs. 高）的双因素组间设计。共有116名大学生参与了此次实验，其中59.5%为男性，平均年龄为22.3岁。所有的实验参与者被随机分配到这四个实验组中。

整个实验通过电脑完成，每个被试者在独立的小隔间内完成实验。隔间两侧有高150cm的隔板，确保被试者在实验过程中不会受到干扰，并且无法得知其他被试者所看到的实验材料。当进入实验室后，被试者被告知他们将参与一项服务评价的实验，这项实验希望了解他们对于给定的服务情境会做出怎样的评价。本次实验所选定的服务类型是厨艺培训服务。被试者阅读到的实验材料是关于报读（及购买）由一家厨艺培训中心所提供的西餐培训课程及这项培训课程的简单介绍。

整个实验由三个部分组成：实验的第一部分通过让被试者阅读不同的实验材料从而操纵他们的消费目标。对于这两段不同材料的预测试表明，它们能够成功激发不同类型的消费目标。在实用型消费目标组，被试者阅读的材料着重于强调这项服务的实用性（掌握必要的烹饪技能，才能更好地保留食物的精粹与营养，吃出健康）及培训机构宣传的理性理念（融入科学营养理念，传承精湛烹饪技能，打造现代健康生活）；而在享乐型消费目标组，被试者阅读的材料则着重于强调这项服务的享乐性（食，非但为本性使然，亦是一门雅俗兼容的艺术。精湛的厨艺让食物更加精致、生活更加美好）及培训机构宣传的感性理念（体验烹饪的艺术与激情，享受创造美食的无穷乐趣；爱生活、爱厨艺）。实验的第二部分旨在操纵被试者在这项服务过程中的参与情况：低参与努力组的被试者被告知他们需要花费大约 15 分钟为这次的培训课程准备食材；而高参与努力组的被试者被告知他们需要花费 1 小时为这次的培训课程准备食材。为了使参与服务的情境更为生动逼真，参与组的被试者需要在充分想象这一情境后根据自己的生活经验，描述自己在预计的时间内可能做了哪些具体事项去准备这些食材。在实验的第三部分，为了使培训的情境更为真实、生动，本次实验请所有被试者观看同样一段培训视频，从而充分感受这项培训服务。观看完这段视频后，被试者需要对服务做出评价，指出他们对服务的满意度、感知的自我表达等，并回答一些有关操纵检验及人口统计信息的问题。

本次实验采用了与前几个实验相同的量表测量相关变量，包括感知的自我表达、感知的象征价值、顾客满意度等。另外，为了检验操纵是否成功，本次实验还要求参与组的被试者指出他们认为自己需要在参与过程中投入的时间及精力（1 = 非常少，7 = 非常多）。

7.2.5.2　实验结果

（1）操纵检验。首先，为了检验对消费目标类型的操纵是否成功，本书对不同实验组被试者所做的消费目标评价进行了对比。方差分析的结果（ANOVA）表明，享乐型消费目标组的被试者比实用型消费目标组的被试者认为自己在本次消费中有更高的寻求享乐倾向［$M_{实用型目标} = 3.43$ vs. $M_{享乐型目标} =$

4.60, $F(1, 114)=24.44$, $p<0.01$]。从而表明本次实验对于消费目标类型的操纵是成功的。其次，通过对比分析发现，高参与努力组的被试者比低参与努力组的被试者认为自己需要为这次服务参与投入更多的时间 [$M_{低参与努力}=4.40$ vs. $M_{高参与努力}=5.13$, $F(1, 114)=8.28$, $p<0.01$] 及精力 [$M_{低参与努力}=4.37$ vs. $M_{高参与努力}=5.02$, $F(1, 114)=6.81$, $p<0.05$]。另外，本次实验还邀请了两位对实验目的不知情的博士生对被试者陈述的参与事项进行了统计，结果发现，高参与努力组的被试者比低参与努力组的被试者为此次参与列出了更多的准备事项 [$M_{低参与努力}=1.44$ vs. $M_{高参与努力}=2.56$, $F(1, 114)=43.05$, $p<0.01$]。由此表明，本次实验对顾客参与努力的操纵也是成功的。

（2）感知的自我表达。以感知的自我表达作为因变量，顾客参与努力、消费目标类型以及两者的交互项作为自变量进行方差分析（ANOVA）。结果表明，顾客参与努力与消费目标类型的交互作用在90%的置信水平上边际显著 [$F(1, 112)=7.46$, $p=0.09$]。如图7-9所示，对于享乐型消费目标组，顾客在服务参与中投入的努力对其感知的自我表达存在显著的正向影响，

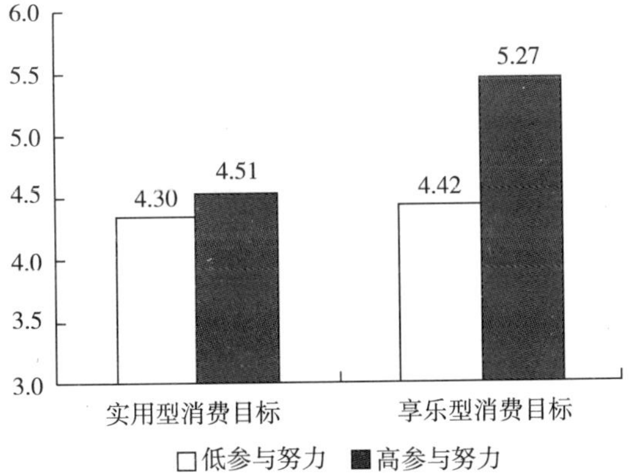

图7-9 顾客参与努力和消费目标的交互作用对感知自我表达的影响

投入较多努力的被试者比投入较少努力的被试者在服务参与过程中感知到了更强的自我表达［$M_{低参与努力}=4.42$ vs. $M_{高参与努力}=5.27$，$F(1,\ 55)=8.65$，$p<0.05$］。由此表明，对于持有享乐型消费目标的顾客而言，在参与过程中的投入有助于增强自我表达。然而，对于实用型消费目标组，顾客在服务参与中投入的努力对感知的自我表达则不存在显著的影响［$M_{低参与努力}=4.30$ vs. $M_{高参与努力}=4.51$，$F(1,\ 57)=0.16$，$p>0.10$］。换句话说，对于持有实用型消费目标的顾客而言，在参与过程中投入的努力并没有增强他们的自我表达。因此，H20 得到支持。

（3）感知的象征价值。以顾客感知的象征价值作为因变量，以顾客参与努力、消费目标类型以及两者的交互项作为自变量进行方差分析（ANOVA）。结果表明，顾客参与努力和消费目标类型与之间存在显著的交互效应［$F(1,\ 112)=4.23$，$p<0.05$］，如图 7－10 所示。进一步对比分析的结果表明，对于享乐型消费目标组，顾客在服务参与中投入的努力对其感知的象征价值存在显著的正向影响，投入较多努力的被试者比投入较少努力的被试者

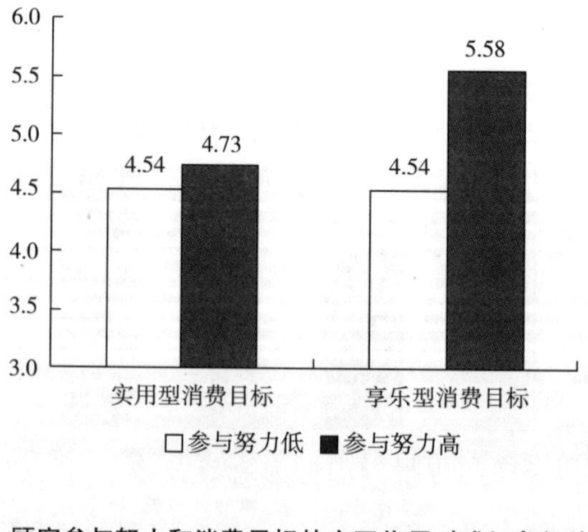

图 7－10　顾客参与努力和消费目标的交互作用对感知象征价值的影响

从服务中获取的象征价值更多 [$M_{低参与努力}=4.54$ vs. $M_{高参与努力}=5.58$，$F(1, 55)=11.81$，$p<0.01$]。然而，对于实用型消费目标组，顾客在服务参与中投入的努力对其感知的象征价值评价则不存在显著影响 [$M_{低参与努力}=4.54$ vs. $M_{高参与努力}=4.73$，$F(1, 57)=0.47$，$p>0.10$]。因此，H21 得到支持。

为了验证感知的自我表达在此过程中所发挥的中介作用，即顾客参与努力和消费目标类型的交互作用是通过影响感知的自我表达水平继而影响了顾客感知的象征价值，本书进行了中介效应检验。首先，以感知的象征价值作为因变量，以顾客参与努力、消费目标类型以及两者的交互项作为自变量，以感知的自我表达作为协变量进行方差分析。结果发现，当控制感知自我表达的水平后，顾客参与努力和消费目标类型的交互作用变为边际显著 [$F(1, 111)=3.26$，$p=0.07$]，而感知自我表达的影响显著 [$F(1, 111)=4.16$，$p<0.05$]。其次，参照 Hayes（2013）提供的方法，以顾客感知的象征价值作为因变量、以感知的自我表达作为中介变量、以顾客参与努力和消费目标类型的交互项作为自变量进行了基于调节作用的中介效应分析（Mediated Moderation Test）。Bootstrapping 检验（Hayes 2013）的结果支持了感知自我表达的中介作用（$\beta=0.41$，lower 95% CI = 0.10；upper 95% CI = 0.91），从而支持了 H23a。由此表明，顾客参与努力和消费目标类型的交互作用部分通过感知自我表达的中介作用对顾客感知的象征价值产生影响。

（4）顾客满意度。以顾客满意度作为因变量，以顾客参与努力、消费目标类型以及两者的交互项作为自变量进行方差分析（ANOVA）。结果表明，顾客参与努力与消费目标类型之间存在显著的交互效应 [$F(1, 112)=12.94$，$p<0.01$]（见图 7-11）。进一步对比分析的结果表明，对于实用型目标组，顾客在服务参与中投入的努力对其服务满意度存在显著的负向影响，投入较多努力的被试者比投入较少努力的被试者对服务的满意度更低 [$M_{低参与努力}=5.19$ vs. $M_{高参与努力}=4.44$，$F(1, 55)=4.19$，$p<0.05$]。相反，

对于享乐型目标组，顾客在服务参与中投入的努力对其满意度评价则存在显著的正向影响，投入较多努力的被试者比投入较少努力的被试者对服务的满意度更高 [$M_{低参与努力} = 4.78$ vs. $M_{高参与努力} = 5.80$，$F(1, 55) = 9.77$，$p < 0.01$]。因此，H22 得到支持。

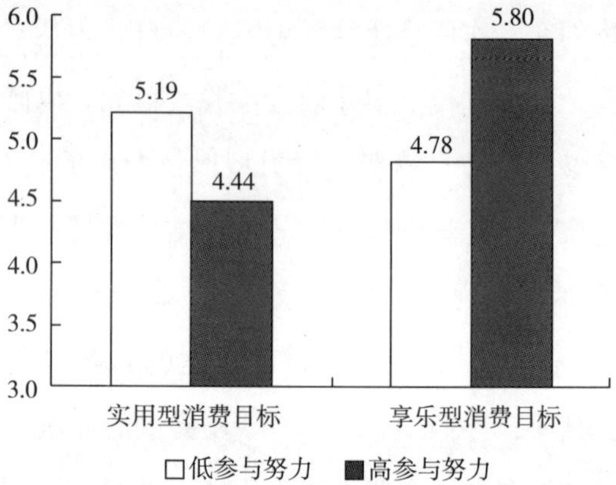

图 7-11　顾客参与努力和消费目标的交互作用对顾客满意度的影响

为了验证感知的自我表达在此过程中所发挥的中介作用，即顾客参与努力和消费目标类型的交互作用是通过影响感知的自我表达水平最终影响了顾客的满意度，本研究进行了中介效应检验。首先，以顾客满意度作为因变量，以顾客参与努力、消费目标类型以及两者的交互项作为自变量，以感知的自我表达作为协变量进行了方差分析。结果发现，当控制感知自我表达的水平后，顾客参与努力和消费目标类型的交互作用不再显著。其次，参照 Hayes（2013）提供的方法，以顾客满意度作为因变量、以感知的自我表达作为中介变量、以顾客参与努力和消费目标类型的交互项作为自变量进行了基于调节作用的中介效应分析（Mediated Moderation Test）。Bootstrapping 检验（Hayes，2013）的结果支持了感知象征价值的中介作用（$\beta = 0.35$，lower

95% CI =0. 01; upper 95% CI =0. 73），从而支持了 H23b。由此表明，顾客参与努力和消费目标类型的交互作用对顾客满意度的影响部分通过顾客感知自我表达的中介作用来实现。

7. 2. 5. 3 讨论

本实验结果表明，顾客在参与过程中投入的努力对其感知价值及满意程度的影响会受到消费目标类型的调节。在不同类型消费目标的影响下，参与投入对顾客满意度的影响方向也会不同。当顾客持有享乐型消费目标时，他们在参与过程中投入的努力能够转化为自我表达的感知，投入更多努力的顾客感知的自我表达也更强；而感知自我表达的增强使消费者获得了更大的心理益处与满足，从而对服务的满意度也会有所提升。但是，当顾客持有实用型消费目标时，服务参与更可能成为实现预期目标的一种工具或手段，而不是一种表达自我的途径。因此，他们在参与过程中投入的努力并不能够强化自我表达的感知。失去这种心理益处的支撑，顾客投入的努力越多，感觉到在服务中付出的成本或消耗也就越大，从而对服务的满意度也就越低。本次实验的结果支持了感知自我表达的部分中介作用，从而表明顾客在参与过程中的投入可以通过感知自我表达这一心理机制影响他们对于服务的评价。

另外，本书由于融入了顾客参与努力这一新的因素，进一步拓展了对顾客参与影响效应的理解。实验结果表明，顾客在参与过程中的努力既可以被视作一种投入并最终转化为从服务中获得的心理收益，也可以被视作一种行为成本或者说消耗。由于顾客对于服务的评价主要是基于对成本与收益的计算，因此，顾客参与对服务评价的影响也是取决于他们对参与成本与收益的计量。在此过程中，消费目标类型发挥了调节作用：相对于实用型消费目标导向的顾客，享乐型消费目标导向的顾客更善于从投入努力中发掘或提炼有意义的收益与价值。

8 综合讨论

8.1 研究结论

近年来，顾客参与是服务营销领域一个热门的研究话题。前人的研究不仅探讨了顾客参与对于服务企业的益处，也探讨了顾客自身能够从服务参与中获得的各种经济利益与实用价值。尽管如此，现有的文献中却很少涉及参与服务对消费者心理的影响。因此，本书从消费者心理感知的角度出发，一方面着重于探究顾客在参与服务过程中的内心感受以及从参与中获得的心理启示；另一方面也考察了顾客在服务参与中所形成的感知与认知会如何影响他们对于服务的评价。此外，基于心理感知的可塑性，本书认为，参与服务对消费者心理感知以及后续服务评价的影响并不是在任何情境中都相同的，而是会受到参与自主性、参与的公开可见性、消费目标等因素的调节。因此，本书对这些具有潜在调节作用的情境因素逐一进行了探讨与考查。在现有文献的基础上，本书不仅从理论的角度提出了顾客参与及其在参与过程中投入的努力程度对服务评价可能产生的影响，而且也通过一系列消费行为实验实证检验了相关的研究假设，并且得出以下五个方面的结论。

第一，本书发现，顾客能够认知到其在服务生产与传递过程中参与行为的象征意义。具体而言，顾客在服务过程中的参与行为不仅是为了完成某项服务以使服务得以顺利传递或获取更多的经济价值与人际价值，他们还会根据自己在参与过程中的感受或多或少将自己的参与行为解读为一种自我表达与自我展示，从而获得心理层面的益处。由于这种益处源于参与行为的象征意义，是看不见摸不着的，因此并未受到前人研究的充分关注与重视。而本书通过一系列严格控制干扰因素的消费行为实验均发现，顾客参与行为对其感知的自我表达具有显著的积极影响。因此，本书认为，不管是学术领域的研究者还是实践领域的企业管理者，都应充分认识到顾客参与行为潜在的象征意义。

第二，研究表明，并不是所有的参与行为都会被顾客解读为自我表达，顾客对其参与行为的理解以及象征价值的提取依赖于特定的情境因素。例如，研究三发现，相对于非自愿（非自主选择决定）或被迫参与行为，只有自愿或自主决定的参与行为才会被顾客视作一种自我表达；研究四发现，相对于私密或非公开可见的服务情境，只有在公开可见的情境中的参与行为才会被顾客视作一种自我表达；研究六发现，相对于互依型自我建构的顾客，独立型自我建构的顾客更倾向于将自己在服务中的参与行为视作一种自我表达；而研究八至研究十表明，相对于实用型消费目标导向的顾客，享乐型消费目标导向的顾客更倾向于将自己在服务过程中的参与行为视作一种自我表达。由此可见，顾客参与行为对其感知自我表达的积极效应受制于服务情境因素及个人特征因素，充分认识到这些因素的影响，有助于厘清顾客参与行为积极效应的边界，从而为企业管理者提供更有价值的参考。

第三，本书的研究还发现，顾客的参与服务生产和传递的意愿也会受到服务情境因素及个人特质因素的影响。例如，研究五发现，相对于互依型自我建构的顾客，独立型自我建构的顾客有更强的参与意愿，因为他们有更强烈的自我表达的需求与意愿；研究七发现，相对于实用型消费目标导向的顾客，享乐型消费目标导向的顾客有更强的参与意愿，因为他们预期在服务过程中的参与能让他们获得更多自我表达的机会，从而重塑服务的象征意义。尽管前人的研究中已经意识到顾客的参与意愿会受到诸多因素的影响，而本书在此基础上补充了自我建构类型以及消费目标类型这两个影响因素，他们能够对顾客参与意愿产生影响的原因均是基于参与行为蕴含的象征意义与价值，即在参与过程中表达与展示自我，从而使服务的过程与结果更能彰显顾客自己的自由意志，使内在自我表达的需求得到充分满足。

第四，顾客参与行为会对顾客的服务评价产生影响，包括顾客满意度、顾客—企业亲密度、顾客感知象征价值等。本书发现，即使在没有创造出更多经济价值或人际价值的情况下，甚至在面对同样的服务结果时，参与程度存在差异的顾客仍然有可能对服务做出不同的评价。究其原因，除了以往研究中提出的作用机制，本书认为顾客参与行为还可以基于感知自我表达这一独特的心理机制对顾客的服务评价产生影响。当顾客在特定的情境中将自身在服务过程中的参与行为视作一种自我表达时，他们从服务中感知到更高的象征价值，对服务的满意程度更高，而且对服务企业产生了更亲密的感觉。由此可见，基于消费者心理感知的视角，顾客能够参与服务象征价值的共创，并因此对服务产生更积极的评价。

第五，本书还进一步考察了参与努力这一因素及其影响效应，并且发现，顾客在参与过程中投入的努力对于服务评价的影响也并不总是积极、稳定的，而是同样会受到情境因素的影响与制约。研究十一发现，持有不同类型消费目标的顾客对于其自身参与努力的理解与反应也会有所不同：当顾客持有享乐型消费目标时，参与努力有助于增强自我表达的感知，从而对其服务评价产生有利的影响；然而，当顾客持有实用型消费目标时，参与努力并没有强化顾客在参与过程中感知的自我表达，反而被视作一种成本与消耗，从而对其服务满意度评价产生不利影响。

本书的一系列发现与结论不仅具有一定的理论价值，而且也为营销实践者提供了具有参考与借鉴意义的启示。

8.2 理论贡献

本书的理论贡献主要体现在以下三个方面：

第一，现有文献对于顾客参与行为的探讨更多的是基于企业的角度，基于消费者角度尤其是消费者心理感知角度的研究仍显不足（Bendapudi 和 Leone，2003）。作为对前人研究的扩展，本书正是从消费者心理感知的角度出发，深入探讨了在服务过程中的参与行为给顾客带来的心理意义与益处及其对服务评价的影响。本书认为，顾客在参与服务的过程中能够表达内在的自我，而这种自我表达的感知是顾客在参与服务过程中所能获得的一个重要的却被以往研究所忽视的心理益处。此外，基于参与过程中感知的自我表达，本书提出了一项新的心理机制用于解释顾客参与行为对于服务评价的影响。这一心理机制有助于说明，即使顾客参与没有对应任何的经济利益或功能利益（如更低的价格、更快捷的服务等），它仍然有可能影响消费者对于服务的评价。另外，有关顾客参与的现有文献多数止步于概念或理论的探讨，只有少数文献采用了实证研究的方法。尽管前人的研究已经认识到顾客参与有助于满足自我表达的需求及个人对独特性的需求（Etgar，2008），但目前仍然缺乏经验数据的支持。因此，本书采用实证分析的方法验证了相关的推测与假设。这些结果与发现是对顾客参与行为领域文献的重要补充。

第二，本书对有关共同创造价值领域的理论及文献也有重要延伸及补充。顾客参与共同创造价值是服务主导逻辑中的核心。但是，前人对于价值共同创造这一话题的探讨大部分是基于概念层面或理论层面的研究，缺乏相关实证数据的支持。基于此，近来的研究更加注重从实证的角度探讨顾客参与行为对于价值创造的影响，并且发现顾客在参与服务过程中能够实现经济价值与人际价值的创造（Chan 等，2010）。延续价值共同创造的观点，本书对现有文献进行了拓展与补充——除了经济的或实用的价值，顾客在服务过程中的参与还有助于象征价值的共同创造。基于实证分析的结果，本书进一步指出，并不是顾客参与本身，而是在参与过程中创造的价值，影响了顾客对于服务的评价。

第三，关于顾客参与对其服务满意度的影响，现有研究中存在不一致的看法与结论，而本书通过对参与自主性、参与的公开可见性、顾客的自我建构类型以及消费目标类型等情境因素的考查，在一定程度上调和了现有研究中的争议。本书指出，参与服务生产或传递过程的顾客并不总是比没有参与服务的顾客更加满意。反之，顾客参与（vs. 没有参与）对于服务评价的影响会受到情境因素的影响。本书从情境分析的角度出发，探讨了上述情境因素如何调节顾客参与的积极效应。一方面，本书的一个理论启示在于指出，顾客参与对其服务评价的影响并不是必然存在或固定不变的，因此，后续的研究有必要对顾客参与的影响作用做进一步的界定与区分；另一方面，本书的结果有助于理解及解释现有研究中不一致的结论：即为什么在一些情况下（如当顾客持有享乐型消费目标时），参与服务的顾客比没有参与的顾客更加满意，而在另一些情况下（如当顾客持有实用型消费目标时），是否参与服务对于顾客满意度不存在明显影响。此外，本书还指出，顾客满意度的提升源于顾客从参与过程中获取了心理意义与象征价值。

8.3 营销实践启示

随着服务业的快速发展，顾客在服务过程中的参与程度越来越高，而关于顾客参与行为的研究与营销实践的联系也日渐紧密。因此，除了理论贡献，本书也为服务企业管理者提供了一定的实践指导意义。

首先，对于鼓励及提供顾客参与机会的服务企业而言，顾客对联合生产/价值共创模式的看法是他们普遍关注的一个问题。在竞争型市场经济环境中，尽管服务企业可以选择邀请或拒绝顾客参与生产过程，但顾客是否参与服务联合生产仍然取决于他们自己的偏好与决定。只有当顾客相信从参与服务中获得的利益与价值多于他们为此所需付出的成本，他们才会愿意主动参与价值共创。因此，对于服务企业而言，值得思考及探索的问题在于如何充分利用价值共创这种服务模式去吸引并留住顾客。除了提供经济奖励或实在的利益（如更低的价格、更少的等待时间），服务企业还可以通过突出参与的象征型功能——作为自我表达的途径，以提升顾客的参与意愿。尤其是对于与顾客形象密切相关的服务，如美发业、美甲业以及婚纱摄影等，强调顾客在参与过程中实现的自我表达将会引起更好的顾客反响。此外，还可以根据顾客特征做更精细的市场细分，例如，对于独立型自我建构的顾客以及享乐型消费目标导向的顾客，他们具有更高的参与意愿以及通过参与实现自我表达的期待，因此，企业管理者应及早识别出这样的顾客群体，给予他们更多的参与机会，尤其是能够在参与过程投入自身独特资源、表达内在真实自我的机会。从而不仅能够迎合这类顾客群体的喜好，而且还能够通过此举提升他们对服务及服务企业的评价。

其次，对于营销实践者而言，了解顾客在参与过程中的心理感知及其对服务评价的影响有助于改善服务的提供模式和顾客参与的方式。相对于商品的生产，服务的生产更为灵活，也更注重顾客体验，而顾客在服务生产过程中的参与能直接作用于他们的服务体验，因此，顾客更有可能在参与的过程中形成自我表达的感知。另外，相对于有形的商品，服务通常具有无形性与异质性；因此，顾客在评价服务时更倾向于依据情境线索，如在参与过程中感知的自我表达等。尤其是当服务非常难以评价，或者评价取决于顾客个人的体验与理解时，情境因素的作用就更为凸显。本书希望借助于对感知自我表达的刻画与强调，呼吁企业管理者转变管理顾客参与的理念与模式，不要再将参与服务的顾客视作企业的兼职员工，从而一味地索取和利用他们的劳动，而是应该充分尊重参与价值共创的顾客，鼓励顾客跟随自己的意愿与内心想法参与服务的生产、投入自己的独特资源并且收获属于自己的独特体验，从而增强他们在参与过程中实现及感知的自我表达。顾客在服务参与中感知的自我表达有助于顾客感知价值及服务满意度的提升，从而同样有益于服务企业的市场表现，最终实现“双赢”。

再次，当越来越多的顾客参与到服务的生产过程时，服务企业的管理者有必要针对不同类型顾客之间的差异提前做好应对方案。例如，本书结果表明，独立型自我建构的顾客参与服务生产过程时比不参与时对服务的满意度更高；享乐型目标导向的顾客参与服务生产过程时比不参与该过程时对服务的满意度更高。因此，管理者可以通过辨别不同类别的顾客群体从而挑选最有可能从服务参与/价值共创模式中受益的顾客群体。不管是顾客的自我建构类型还是其消费目标类型，都不是固定不变的，是会受到情境因素影响的。因此，除了仔细辨别顾客群体特征这一方法，服务提供商还可以通过广告等方式直接激活顾客在特定情境中的消费目标类型甚至自我建构类型等。此外，服务企业在设计顾客参与的环节时，应充分认识并重视服务情境因素的潜在影响，例如，顾客自愿的或自主选择的参与行为能够提升他们对服务及服务企业的评价，但非自愿或被迫的参与行为却没有这样的效果。此外，顾客在公开可见情境中的参与行为能够提升他们对服务及服务企业的评价，但他们在私密或非公开场合的参与行为却没有这样的效果。这些发现均为服务企业更为合理地设计顾客参与价值共创环节、提升顾客的参与体验及心理收益提供了有针对性的参考。

最后，企业管理者不仅需要关注顾客从参与服务中获得的潜在益处，还需要特别关注顾客在参与服务中投入的努力。尽管投入越多的顾客有可能获益也越多，但在很多情况下消费者在参与过程中的努力或付出并不一定能转化为价值，甚至会削弱他们的价值感知（Moreau、Bonney 和 Herd，2011；Buechel 和 Janiszewski，2014）。本书指出，不同类型的消费目标会影响顾客对于参与努力的看法及解释。具体而言，对于享乐型消费目标导向的顾客而言，参与努力是一种投入、有助于增强参与过程中的自我表达；而对于实用型消费目标导向的顾客而言，参与努力则是一种消耗与行为成本，消耗越多，从参与过程中获得的价值就越少。因此，企业管理者不仅应该区分顾客的消费目标类型，而且应该针对特定的顾客群体改进他们参与服务的方式，从而增加他们在参与中的收益，减少为此付出的成本。当服务企业面对的是实用型目标导向的顾客群体时，那么管理者应该试图减少顾客需要在参与过程中投入的努力，以最简单直接的方式令他们完成参与、实现预期的目标；相反，当服务企业面对的是享乐型消费目标导向的顾客群体时，适当地延长顾客的参与时间和过程或者鼓励顾客投入自己与众不同的资源与劳动，则更有可能强化他们在参与过程中感知的自我表达，从而提升他们对服务的评价。

8.4 研究局限与未来的研究方向

由于时间与精力的限制，本书还存在一些不足之处，主要表现在以下几个方面：

第一，由于条件的限制，本书在消费行为实验中选取的服务参与任务（如参与健身方案的设计、参与旅行路线的设计等）存在一定的特殊性。笔者之所以选择这些参与主要是考虑到被试者在实验中可以直接通过文字描述完成并体验相关的服务参与环节。然而，必须承认，在大多数情况下，在实验室所开展的顾客参与任务多少会与实际服务情境中的顾客参与行为有所区别。尽管本书通过实验的方式捕捉到顾客在服务参与过程中的心理感知以及基于自我表达的心理机制如何影响了顾客的服务评价，笔者仍然希望后续的研究能够克服实验条件的限制，在实验中尽可能地融入真实的服务参与情境，从而再次检验本书研究结论的有效性与稳定性。另外，后续研究也可以考虑更多的服务类型及顾客参与情境，从而进一步检验本书研究结论的可推广性。

第二，在本书所包含的消费行为实验中，笔者选取了简单、容易被大学生被试群体熟悉的服务参与任务，而不是一些复杂与困难的参与任务。然而，不同于笔者设置的实验场景，一些服务参与任务或联合生产环节需要顾客为此投入较多的体力与脑力劳动。而现有研究指出，过于复杂的顾客参与环节会导致更低的服务满意及评价（Chang、Chen 和 Huang，2009）。因此，笔者并不鼓励任意地推广这项研究结论；相反，笔者更希望后续的研究能够更深入地探讨相关变量之间的关系以及更好地界定本书所提出影响机制的边界条件。

第三，本书存在的另一个局限来源于实验样本的构成。在本书的一系列消费行为实验中，绝大多数样本数据均来源于大学生群体。然而，在学术研究领域，由于使用学生被试者所得出研究结论的可信性与有效性一直受到争议。反方意见认为，学生并不能够代表一般的消费群体，因此基于学生群体的实证研究结论缺乏外部有效性（Campbell 和 Stanley，1963）。在有些情况下（如理财服务），学生群体甚至是非典型的消费群体，他们在人口统计信息、消费经验以及独特的思维模式与认知方式等方面均不同于一般的消费群体。此外，对于本书而言，由于大学生被试者相对比较年轻、有良好的教育背景及独立思考的能力，因此他们有可能更在意相关情境中的自我表达。基于这一潜在的问题，今后的研究在被试者的选择与构成方面应该谨慎，观察相关服务实际消费群体的参与行为及反馈有助于得出更准确的研究结论。

第四，在本书的研究中，消费目标类型是一个相对的概念，对于实用型消费目标与享乐型消费目标的区分也是基于相对的程度。然而，笔者注意到，顾客购买某项服务的目标通常还受到服务类型的制约。对于一些极端类型的服务而言，我们很难对顾客的消费目标进行进一步区分。例如，对于基本只提供实用型利益的医疗服务与银行服务，绝大部分顾客购买这些服务时所持有的消费目标自然也是实用型的。另外，在一些服务类型中，顾客也很难将参与服务视作一种自我表达的途径（如使用 ATM 机自助取款）。因此，在这些情况下，就很难基于感知自我表达这一角度去探讨消费者参与的影响作用。换句话而言，本书所提出的感知自我表达这一心理机制的作用不仅会受到参与自主性等情境因素的制约，还可能受到实际服务类型的影响及制约。相对而言，由于顾客在体验型服务（如餐厅、宾馆、主题乐园等）中更愿意也更能够基于自己的实际体验对服务做出评价，因此本书的研究结论在这类服务中会更具推广性。

第五，本书的另一个局限之处在于实证研究中所采用的方法。尽管在消费行为实验中我们能控制其他因素从而更好地刻画两个变量之间的因果关系，但是，由于排除了其他因素的干扰，在实验中所观察到的因果关系很有可能比实际情况更为显著与强烈。因此，今后的研究可以考虑更多的情境因素，从而进一步探讨在不同情境中感知自我表达的形成及影响作用。例如，除了考虑参与任务本身，我们可以继续探讨不同阶段的参与任务是否也会影响顾客感知到的自我表达。相对于在服务生产最后阶段的参与，顾客是否能够从服务生产最初阶段的参与环节中感知到更强的自我表达？总之，除了本书中所涉及的参与的公开可见性、消费目标类型等调节因素外，后续的研究可以进一步考虑其他情境因素与个体差异因素的潜在影响，从而为探讨消费者参与及其影响作用这一话题提供更全面的框架。例如，顾客参与是否会有导致服务失败的风险、顾客本身的知识与自我效能感、顾客调节聚焦方式的差异、顾客权力感知、参与任务与顾客自身身份的相关性等都有可能影响感知自我表达这一心理机制发挥作用，从而调节顾客参与价值共创对服务评价的积极效应。

参考文献

[1] Aaker, Jennifer L. Dimensions of Brand Personality [J]. Journal of Marketing Research, 1997, 34 (3): 347 - 356.

[2] Aaker, Jennifer L. and Angela Y. Lee. "I" Seek Pleasures and "We" Avoid Pains: The Role of Self - Regulatory Goals in Information Processing and Persuasion [J]. Journal of Consumer Research, 2001, 28 (1): 33 - 49.

[3] Arnould, Eric J. and Linda L. Price and Avinash Malshe. Toward a Cultural Resource - Based Theory of the Customer [J] //R. Lusch & S. Vargo (Eds.). The Service - Dominant Logic of Marketing: Dialog, Debate, and Directions [M]. New York: M. S. Sharpe, 2006: 91 - 104.

[4] Arnould, Eric J. and Craig J. Thompson. Consumer Culture Theory (CCT): Twenty Years of Research [J]. Journal of Consumer Research, 2005, 31 (4): 868 - 883.

[5] Atakan S. S., Bagozzi R. P. and Yoon C. Design and Realization Stages of Production: How Self - Production Shapes Consumer Evaluations and Relationships to Products [J]. International Journal of Research in Marketing, 2014, 31 (4): 395 - 408.

[6] Auh, Seigyoung, Simon J. Bell, Colin S. McLeod and Eric Shih. Co - Production and Customer Loyalty in Financial Services [J]. Journal of Retailing,

2007, 83 (3): 359 - 370.

[7] Babin, Barry J., William R. Darden and Mitch Griffin. Work and/or Fun: Measuring Hedonic and Utilitarian Shopping Value [J]. Journal of Consumer Research, 1994, 20 (4): 644 - 656.

[8] Batra, Rajeev, Aaron Ahuvia and Richard P. Bagozzi. Brand Love [J]. Journal of Marketing, 2012, 76 (2): 1 - 16.

[9] Batra, Rajeev and Olli T. Ahtola. Measuring the Hedonic and Utilitarian Sources of Consumer Attitudes [J]. Marketing Letters, 1991, 2 (2): 159 - 170.

[10] Beatson, Amanda, Leonard V. Coote and John Rudd. Determining Consumer Satisfaction and Commitment through Self - Service Technology and Personal Service Usage [J]. Journal of Marketing Management, 2006, 22 (7/8): 853 - 882.

[11] Belk, Russell W. Possessions and the Extended Self [J]. Journal of Consumer Research, 1988, 15 (2): 139 - 168.

[12] Bendapudi, Neeli and Robert P. Leone. Psychological Implications of Customer Participation in Co - Production [J]. Journal of Marketing, 2003, 67 (1): 14 - 28.

[13] Berger, Jonah and Chip Heath. Where Consumers Diverge from Others: Identity Signaling and Product Domains [J]. Journal of Consumer Research, 2007, 34 (2): 121 - 134.

[14] Berger, Jonah A. and Lindsay Rand. Shifting Signals to Help Health: Using Identity Signaling to Reduce Risky Health Behaviors [J]. Journal of Consumer Research, 2008, 35 (3): 509 - 518.

[15] Berry, Leonard L., Kathleen Seiders and Dhruv Grewal. Understanding

Service Convenience [J] . Journal of Marketing, 2002, 66 (3): 1 –17.

[16] Bettencourt, Lance A. Customer Voluntary Performance: Customers as Partners in Service Delivery [J] . Journal of Retailing, 1997, 73 (3): 383 – 406.

[17] Bettencourt, Lance A. , Amy L. Ostrom, Stephen W. Brown and Robert I. Roundtree. Client Co – Production in Knowledge Intensive Business Services [J] . California Management Review, 2002, 44 (4): 100 –128.

[18] Bitner, Mary Jo, William T. Faranda, Amy R. Hubbert and Valarie A. Zeithaml. Customer Contributions and Roles in Service Delivery [J] . International Journal of Service Industry Management, 1997, 8 (3): 193 –205.

[19] Bosson, Jennifer K. , William B. Swann Jr. and James W. Pennebaker. Stalking the Perfect Measure of Implicit Self – Esteem: The Blind Men and the Elephant Revisited [J] . Journal of Personality and Social Psychology, 2000, 79 (4): 631 –643.

[20] Botti, Simona and Ann L. McGill. The Locus of Choice: Personal Causality and Satisfaction with Hedonic and Utilitarian Decisions [J] . Journal of Consumer Research, 2011, 37 (6): 1065 –1078.

[21] Brewer M. B. and Gardner W. Who is this "We"? Levels of Collective Identity and Self Representations [J] . Journal of Personality and Social Psychology, 1996, 71 (1): 83 –93.

[22] Brunel, Frederic, Ruth Mugge and Jan P. L. Schoormans. Psychological and Behavioral Consumer Responses to the Mass Customization of Product Aesthetics [R] . Working Paper, 2007.

[23] Buechel, Eva C. and Chris Janiszewski. A Lot of Work or a Work of Art: How the Structure of a Customized Assembly Task Determines the Utility De-

rived from Assembly Effort [J]. Journal of Consumer Research, 2014, 40 (5): 960 -972.

[24] Bugel, Marnix S., Peter C. Verhoef and Abraham P. Buunk. Customer Intimacy and Commitment to Relationships with Firms in Five Different Sectors: Preliminary Evidence [J]. Journal of Retailing and Consumer Services, 2011, 18 (4): 247 -258.

[25] Campbell D. T., J. C. Stanley. Experimental and Quasi - Experimental Designs for Research [R]. Boston: Houghton - Mifflin, 1963.

[26] Campbell, W. Keith, Constantine Sedikides, Glenn D. Reeder and Andrew J. Elliott. Among Friends? An Examination of Friendship and the Self - Serving Bias [J]. British Journal of Social Psychology, 2000, 39 (2): 229 -239.

[27] Cardozo, Richard N. An Experimental Study of Customer Effort, Expectation, and Satisfaction [J]. Journal of Marketing Research, 1965, 2 (3): 244 -249.

[28] Carroll, Barbara A. and Aaron C. Ahuvia. Some Antecedents and Outcomes of Brand Love [J]. Marketing Letters, 2006, 17 (2): 79 -89.

[29] Cermak, Dianne S. P., Karen Maru File and Russ Alan Prince. Customer Participation in Service Specification and Delivery [J]. Journal of Applied Business Research, 1994, 10 (2): 90 -98.

[30] Chan, Kimmy Wa, Chi Kin Yim and Simon S. K. Lam. Is Customer Participation in Value Creation a Double - Edged Sword? Evidence from Professional Financial Services across Cultures [J]. Journal of Marketing, 2010, 74 (3): 48 -64.

[31] Chang, Chia - Chi, Hui - Yun Chen and I - Chiang Huang. The Interplay between Customer Participation and Difficulty of Design Examples in the

Online Designing Process and Its Effect on Customer Satisfaction: Mediational Analysis [J]. Cyber Psychology & Behavior, 2009, 12 (2): 147 – 154.

[32] Chen, Po – Tsang and Hsin – Hui Hu. How Determinant Attributes of Service Quality Influence Customer – Perceived Value: An Empirical Investigation of the Australian Coffee Outlet Industry [J]. International Journal of Contemporary Hospitality Management, 2010, 22 (4): 535 – 551.

[33] Chernev, Alexander. Goal Orientation and Consumer Preference for the Status Quo [J]. Journal of Consumer Research, 2004, 31 (3): 557 – 565.

[34] Chernev, Alexander, Ryan Hamilton and David Gal. Competing for Consumer Identity: Limits to Self – Expression and the Perils of Lifestyle Branding [J]. Journal of Marketing, 2011, 75 (3): 66 – 82.

[35] Childers, Jane B. and Michael Tomasello. The Role of Pronouns in Young Children's Acquisition of the English Transitive Construction [J]. Developmental Psychology, 2001, 37 (6): 739 – 748.

[36] Choi, Jinhee and Ayelet Fishbach. Choice as an End versus a Means [J]. Journal of Marketing Research, 2011, 48 (3): 544 – 554.

[37] Cova, Bernard and Daniele Dalli. Working Consumers: The Next Step in Marketing Theory [J]. Marketing Theory, 2009, 9 (3): 315 – 339.

[38] Crowley, Ayn E., Eric Spangenberg and Kevin R. Hughes. Measuring the Hedonic and Utilitarian Dimensions of Attitudes toward Product Categories [J]. Marketing Letters, 1992, 3 (3): 239 – 249.

[39] Csikszentmihalyi, Mihaly and Eugene Rochberg – Halton. The Meaning of Things: Domestic Symbols and the Self [M]. Cambridge, MA: Cambridge University Press, 1981.

[40] Dabholkar, Pratibha. How to Improve Perceived Service Quality by Im-

proving Customer Participation [J] //B. J. Dunlap (Ed.). Developments in Marketing Science [M] . NC: Academy of Marketing Science, 1990: 483 -487.

[41] Dabholkar, Pratibha A. , Richard P. and Bagozzi. An Attitudinal Model of Technology - Based Self - Service: Moderating Effects of Consumer Traits and Situational Factors [J] . Journal of the Academy of Marketing Science, 2002, 30 (3): 184 -201.

[42] Dalton, Amy N. Look on the Bright Side: Self - Expressive Consumption and Consumer Self - Worth. Unpublished Dissertation, Department of Business Administration [D] . Duke University, 2008.

[43] Deci, Edward L. and Richard M. Ryan. Intrinsic Motivation and Self - Determination in Human Behavior [M] . New York: Plenum, 1985.

[44] Deci, Edward L. and Richard M. Ryan. The "What" and "Why" of Goal Pursuits: Human Needs and the Self - Determination of Behavior [J] . Psychological Inquiry, 2000, 11 (4): 227 -268.

[45] Dellaert, Benedict G. C. and Pratibha A. Dabholkar. Increasing the Attractiveness of Mass Customization: The Role of Complementary Online Services and Range of Options [J] . International Journal of Electronic Commerce, 2009, 13 (3): 43 -70.

[46] Dellande, Stephanie, Mary C. Gilly and John L. Graham. Gaining Compliance and Losing Weight: The Role of the Service Provider in Health Care Services [J] . Journal of Marketing, 2004, 68 (3): 78 -91.

[47] Dhar, Ravi and Klaus Wertenbroch. Consumer Choice between Hedonic and Utilitarian Goods [J] . Journal of Marketing Research, 2000, 37 (1): 60 -71.

[48] Dong, Beibei, Kenneth R. Evans and Shaoming Zou. The Effects of

Customer Participation in Co - created Service Recovery [J] . Journal of the Academy of Marketing Science, 2008, 36 (1): 123 - 137.

[49] Eisingerich, Andreas B. , Simon J. and Bell. Relationship Marketing in the Financial Services Industry: The Importance of Customer Education, Participation and Problem Management for Customer Loyalty [J] . Journal of Financial Services Marketing, 2006, 10 (4): 86 - 97.

[50] Ekinci, Yuksel, Philip L. Dawes and Graham R. Massey. An Extended Model of the Antecedents and Consequences of Consumer Satisfaction for Hospitality Services [J] . European Journal of Marketing, 2008, 42 (1): 35 - 68.

[51] Ennew, Christine T. and Martin R. Binks. Impact of Participative Service Relationships on Quality, Satisfaction and Retention: An Exploratory Study [J] . Journalof Business Research, 1999, 46 (2): 121 - 132.

[52] Etgar, Michael. A Descriptive Model of the Consumer Co - Production Process [J] . Journal of the Academy of Marketing Science, 2008, 36 (1): 97 - 108.

[53] Fang, Eric. Customer Participation and the Trade - off between New Product Innovativeness and Speed to Market [J] . Journal of Marketing, 2008, 72 (4): 90 - 104.

[54] Fishbach, Ayelet, James Y. , Shah, Arie W. and Kruglanski. Emotional Transfer in Goal Systems [J] . Journal of Experimental Social Psychology, 2004, 40 (6): 723 - 738.

[55] Franke, Nikolaus, Martin Schreier and Ulrike Kaiser. The "I Designed It Myself" Effect in Mass Customization [J] . Management Science, 2010, 56 (1): 125 - 140.

[56] Friedmann, Roberto and Mary R. Zimmer. The Role of Psychological

Meaning in Advertising [J] . Journal of Advertising, 1988, 17 (1): 31 –40.

[57] Garbarino, Ellen and Mark S. Johnson. Effects of Consumer Goals on Attribute Weighting, Overall Satisfaction, and Product Usage [J] . Psychology and Marketing, 2001, 18 (9): 929 –949.

[58] Gawronski, Bertram, Galen V. and Bodenhausen. Associative and Propositional Processes in Evaluation: An Integrative Review of Implicit and Explicit Attitude [J] . Psychological Bulletin, 2006, 132 (5): 692 –731.

[59] Goodwin, Cathy and Russell Radford. Models of Service Delivery: An Integrative Perspective [J] //Swartz, T. A. , Bowen, D. E. and Brown S. W. (Eds). Advances in Services Marketing and Management [M] . Greenwich, CT: JAI Press, 1993.

[60] Goukens, Caroline, Siegfried Dewitte, Mario Pandelaere and Lukwarlop (2007) . Wanting a Bit (e) of Everything: Extending the Valuation Effect to Variety Seeking [J] . Journal of Consumer Research, 2007, 34 (3): 386 –394.

[61] Greenwald, Anthony G. and Mahzarin R. Banaji. Implicit Social Cognition: Attitudes, Self – Esteem, and Stereotypes [J] . Psychological Review, 1995, 102 (1): 4 –27.

[62] Groth, Markus. Customers as Good Soldiers: Examining Citizenship Behaviors in Internet Service Deliveries [J] . Journal of Management, 2005, 31 (1): 7 –27.

[63] Grönroos C. Value Co – creation in Service Logic: A Critical Analysis. Marketing Theory, 2011, 11 (3): 279 –301.

[64] Grönroos C. , Ravald A. Service as Business Logic: Implications for Value Creation and Marketing [J] . Journal of Service Management, 2011, 22

(1): 5 –22.

[65] Gummesson E. Implementation Requires a Relationship Marketing Paradigm [J] . Journal of the Academy of Marketing Science, 1998, 26 (3): 242 –249.

[66] Guo L. , Lotz S. L. , Gruen T. W. and Tang C. The Role of Perceived Control in Customer Value Cocreation and Service Recovery Evaluation [J] . Journal of Service Research, 2016, 19 (1): 39 –56.

[67] Harris, Kim, Richard Harris and Steve Baron. Customer Participation in Retail Service: Lessons from Brecht [J] . International Journal of Retail & Distribution Management, 2001, 29 (8): 359 –369.

[68] Hassenzahl, Marc, Markus Schöbel and Tibor Trautmann. How Motivational Orientation [J] //Fuences the Evaluation and Choice of Hedonic and Pragmatic Interactive Products: The Role of Regulatory Focus [J] . Interacting with Computers, 2008, 20 (4): 473 –479.

[69] Havlena, William J. and Morris B. Holbrook. The Varieties of Consumption Experience: Comparing Two Typologies of Emotion in Consumer Behavior [J] . Journal of Consumer Research, 1986, 13 (11): 394 –404.

[70] Hayes, Andrew F. Introduction to Mediation, Moderation, and Conditional Process Analysis: A Regression – Based Approach [M] . New York: The Guilford: The Guillford Press, 2013.

[71] Hazée S. , Vaerenbergh Y. V. and Armirotto V. Co – creating Service Recovery after Service Failure: The Role of Brand Equity [J] . Journal of Business Research, 2017 (74): 101 –109.

[72] Heidenreich S. , Wittkowski K. , Handrich M. and Falk T. The Dark Side of Customer Co – Creation: Exploring the Consequences of Failed Co – Crea-

ted Services [J]. Journal of the Academy of Marketing Science, 2015, 43 (3): 279 - 296.

[73] Heidenreich S., Handrich M. Adoption of Technology - Based Services: The Role of Customers' Willingness to Co - Create [J]. Journal of Service Management, 2015, 26 (1): 44 - 71.

[74] Higgins E., Tory Yaacov Trope. Activity Engagement Theory: Implications of Multiply Identifiable Input for Intrinsic Motivation [J] //R. M. Sorrentino and E. Tory Higgins (Eds.). Handbook of Motivation and Cognition: Foundations of Social Behavior [M]. New York: Guilford Press, 1990: 229 - 264.

[75] Higie Robin A., Feick L. F. Enduring Involvement: Conceptual and Measurement Issues [J]. Advances in Consumer Research, 1989, 16 (1): 690 - 696.

[76] Hippel, Eric. User Toolkits for Innovation [J]. Journal of Product Innovation Management, 2001, 18 (4): 247 - 257.

[77] Hirschman, Elizabeth C. and Morris B. Hedonic Consumption: Emerging Concepts, Methods, and Propositions [J]. Journal of Marketing, 1982, 46 (3): 92 - 101.

[78] Holbrook, Morris B. The Nature of Customer Value: An Axiology of Services in the Consumption Experience [M]. Service Quality: New Directions in Theory and Practice, 1994: 21.

[79] Holbrook, Morris B. and Elizabeth C. Hirschman. The Experiential Aspects of Consumption: Consumer Fantasies, Feelings, and Fun [J]. Journal of Consumer Research, 1982, 9 (2): 132 - 140.

[80] Hsieh, An - Tien, Chang - Hua Yen and Ko - Chien Chin. Participative Customers as Partial Employees and Service Provider Workload [J]. Interna-

tional Journal of Service Industry Management, 2004, 15 (2): 187 – 199.

[81] Hsieh, An – Tien and Chang – Hua Yen. The Effect of Customer Participation on Service Providers Job Stress [J]. Service Industries Journal, 2005, 25 (7): 891 – 905.

[82] Hsieh Y. C., Chiu H. C., Tang Y. C. and Lin W. Y. Does Raising Value Co – creation Increase All Customers' Happiness [J]. Journal of Business Ethics, 2016 (1): 15.

[83] Huffman, Cynthia and Barbara E. Kahn. Variety for Sale: Mass Customization or Mass Confusion [J]. Journal of Retailing, 1998, 74 (4): 491 – 513.

[84] Jia, He and Yonggui Wang. Consumer Creativity, Participation and Satisfaction: The Influence of Domain Knowledge in Service Context [R]. Proceedings of the IEEE International Conference on Industrial Engineering and Engineering Management, 2007: 1418 – 1422.

[85] Johar, Gita Venkataramani. The Price of Friendship: When, Why, and How Relational Norms Guide Social Exchange Behavior [J]. Journal of Consumer Psychology, 2005, 15 (1): 22 – 27.

[86] Kampmeier, Claudia and Bernd Simon. Individuality and Group Formation: The Role of Independence and Differentiation [J]. Journal of Personality and Social Psychology, 2001, 81 (12): 448 – 462.

[87] Keh, Hean Tat and Jin Sun. The Complexities of Perceived Risk in Cross – Cultural Services Marketing [J]. Journal of International Marketing, 2008, 16 (1): 120 – 146.

[88] Keh, Hean Tat and Chi Wei Teo. Retail Customers as Partial Employees in Service Provision: A Conceptual Framework [J]. International Journal of Retail

& Distribution Management, 2001, 29 (8): 370 - 378.

[89] Kelley, Scott W., James H. and Steven J. Skinner. Customer Participation in Service Production and Delivery [J]. Journal of Retailing, 1990, 66 (3): 315 - 335.

[90] Kellogg, Deborah L., William E. Youngdahl and David E. Bowen. On the Relationship between Customer Participation and Satisfaction: Two Frameworks [J]. International Journal of Service Industry Management, 1997, 8 (3): 206 - 219.

[91] Khan, Uzma, Ravi Dhar and Klaus Wertenbroch. A Behavioral Decision Theory Perspective on Hedonic and Utilitarian Choice [J] //Inside Consumption: Frontiers of Research on Consumer Motives, Goals, and Desires, S. Ratneshwar and David Glen Mick (Eds.) [M]. London: Routledge, 2005: 144 - 165.

[92] Khoddami, Soheila, Hamid Moradi and Parviz Ahmadi. The Impact of Three Dimensions of the Value of the Mass - Customized Product on the Overall Perceived Value of MC and the Purchase Intention [J]. European Journal of Economics, Finance and Administrative Sciences, 2011 (31): 31 - 48.

[93] Kim, Heejung S. and Aimee Drolet. Choice and Self - Expression: A Cultural Analysis of Variety - Seeking [J]. Journal of Personality and Social Psychology, 2003, 85 (2): 373 - 382.

[94] Kim, Heejung S. and David K. Sherman. "Express Yourself": Culture and the Effect of Self - Expression on Choice [J]. Journal of Personality and Social Psychology, 2007, 92 (1): 1 - 11.

[95] Knee C. Raymond, Miron Zuckerman. Causality Orientations and the Disappearance of the Self - Serving Bias [J]. Journal of Research in Personality, 1996, 30 (1): 76 - 87.

[96] Kuhnen U. , Hannover B. and Schubert B. The Semantic Procedural - Interface Model of the Self: The Role of Self - Knowledge for Context - Dependent versus Context - Independent Modes of Thinking [J] . Journal of Personality and Social Psychology, 2001, 80 (3): 397 - 409.

[97] Laran, Juliano and Chris Janiszewski. Work or Fun? How Task Construal and Completion Influence Regulatory Behavior [J] . Journal of Consumer Research, 2011, 37 (6): 967 - 983.

[98] Larsson, Rikard and David E. Bowen. Organization and Customer: Managing Design and Coordination of Services [J] . Academy of Management Review, 1989, 14 (2): 213 - 233.

[99] Laurenceau, Jean - Philippe, Lisa Feldman Barrett and Paula R. Pietromonaco [J] //Timacy as an Interpersonal Process: The Importance of Self - Disclosure, Partner Disclosure, and Perceived Partner Responsiveness in Interpersonal Exchanges [J] . Journal of Personality and Social Psychology, 1998, 74 (5): 1238 - 1251.

[100] Le N. H. , Thuy P. N. Customer Participation to Co - create Value in Human Transformative Services: A Study of Higher Education and Health Care Services [J] . Service Business, 2016, 10 (3): 1 - 26.

[101] Lengnick - Hall, Cynthia A. , Vicentia Claycomb and Lawrence W. Infrom Recipient to Contributor: Examining Customer Roles and Experienced Outcomes [J] . European Journal of Marketing, 2000, 34 (3): 359 - 364.

[102] Liang, Chiung - Ju and Wen - Hung Wang. Attributes, Benefits [J] //Customer Satisfaction and Behavioral Loyalty: An Integrative Research of Financial Services Industry in Taiwan [J] . Journal of Services Research, 2004, 4 (1): 57 - 91.

[103] Liechty, John, Venkatram Ramaswamy and Steven H. Cohen. Choice Menus for Mass Customization: An Experimental Approach for Analyzing Customer Demand with an Application to a Web - Based Information Service [J]. Journal of Marketing Research, 2001, 38 (2): 183 - 196.

[104] Liu, Wendy and David Gal. Bringing Us together or Driving Us apart: The Effect of Soliciting Consumer Input on Consumers' Propensity to Transact with an Organization [J]. Journal of Consumer Research, 2011, 8 (2): 242 - 259.

[105] Lovelock, Christopher H. and Robert F. Young. Look to Consumers to Increase Productivity [J]. Harvard Business Review, 1979, 57 (3): 168 - 178.

[106] Lovelock, Christopher H. and Jochen Wirtz. Services Marketing: People, Technology, Strategy [M]. New Jersey: Pearson Prentice Hall, 2007.

[107] Lusch, Robert F., Stephen W. Brown and Gary J. Brunswick. A General Framework for Explaining Internal vs. External Exchange [J]. Journal of the Academy of Marketing Science, 1992, 20 (2): 119 - 134.

[108] Lusch, Robert F. and Stephen L. Vargo. Service - Dominant Logic: Reactions, Reflections and Refinements [J]. Marketing Theory, 2006, 6 (3): 281 - 288.

[109] Lusch, Robert F., Stephen L. Vargo and Matthew O'Brien. Competing through Service: Insights from Service - Dominant Logic [J]. Journal of Retailing, 2007, 83 (1): 5 - 18.

[110] Ma Z. F., Yang Z. Y. and Mourali M. Consumer Adoption of New Products: Independent versus Interdependent Self - Perspectives [J]. Journal of Marketing, 2014, 78 (2): 101 - 117.

[111] Maimaran, Michal and Itamar Simonson. Multiple Routes to Self -

Versus Other – Expression in Consumer Choice [J] . Journal of Markcting Research, 2011, 48 (4): 755 –766.

[112] Mano, Haim and Richard L. Oliver. Assessing the Dimensionality and Structure of the Consumption Experience: Evaluation, Feeling, and Satisfaction [J] . Journal of Consumer Research, 1993, 20 (3): 451 –466.

[113] Markus, Hazel and Shinobu Kitayama. Culture and the Self: Implications for Cognition, Emotion, and Motivation [J] . Psychological Review, 1991, 98 (4): 224 –253.

[114] McDougall, Gordon H. G. and Terrence Levesque. Customer Satisfaction with Services: Putting Perceived Value into the Equation [J] . Journal of Services Marketing, 2000, 14 (5): 392 –410.

[115] Mead, Nicole L. , Roy F. Baumeister, Tyler F. Stillman, Catherine D. Rawn and Kathleen D. Vohs. Social Exclusion Causes People to Spend and Consume Strategically in the Service of Affiliation [J] . Journal of Consumer Research, 2011, 37 (5): 902 –919.

[116] Merlo O. , Eisingerich A. B. and Auh S. Acta Non Verba? The Role of Customer Participation and Word of Mouth in the Relationship between Service Firms' Customer Satisfaction and Sales Performance [J] . Journal of Service Research, 2014, 17 (1): 40 –53.

[117] Merriam – Webster Online Dictionary. Definition of Self – Expression [EB/OL] . http: //www. m – w. com/dictionary/self% 20expression, 2006 – 12 – 11.

[118] Meuter, Matthew L. and Mary Jo Bitner. Self – Service Technologies: Extending Service Frameworks and Identifying Issues for Research [J] //AMA Winter Educators' Conference, Dhruv Grewal and Connie Pechmann (Eds.)

[M]. Chicago: American Marketing Association, 1998: 12 – 19.

[119] Meuter, Matthew L., Amy L. Ostrom, Robert I. Roundtree and Mary Jo Bitner. Self – Service Technologies: Understanding Customer Satisfaction with Technology – Based Service Encounters [J]. Journal of Marketing, 2000, 64 (3): 50 – 64.

[120] Meuter, Matthew L., Mary Jo Bitner, Amy L. Ostrom and Stephen W. Brown. Choosing among Alternative Service Delivery Modes: An Investigation of Customer Trial of Self – Service Technologies [J]. Journal of Marketing, 2005, 69 (2): 61 – 83.

[121] Mills, Peter K., Richard B., Chase and Newton Margulies. Motivating the Client/Employee System as a Service Production Strategy [J]. Academy of Management Review, 1983, 8 (2): 301 – 310.

[122] Mills, Peter K. and James H. Morris. Clients as "Partial" Employees of Service Organizations: Role Development in Client Participation [J]. Academy of Management Review, 1986, 11 (4): 726 – 735.

[123] Mogilner, Cassie and Jennifer Aaker. "The Time versus Money Effect": Shifting Product Attitudes and Decisions through Personal Connection [J]. Journal of Consumer Research, 2009, 36 (2): 277 – 291.

[124] Moreau C. Page, Leff Bonney and Kelly B. Herd. It's the Thought (and the Effort) That Counts: How Customizing for Others Differs from Customizing for Oneself [J]. Journal of Marketing, 2011, 75 (5): 120 – 133.

[125] Mugge, Ruth, Frédéric F. Brunel and Jan P. L. Schoormans. Consumer Response to Aesthetic Mass Customization [J]. Journal of Creative Management, 2011, 4 (3): 3 – 34.

[126] Mugge, Ruth, Jan P. L. Schoormans and Hendrik N. J. Schifferstein

Emotional Bonding with Personalised Products [J] . Journal of Engineering Design, 2009, 20 (5): 467 -476.

[127] Murray, Keith B. and John L. Schlacter. The Impact of Services Versus Goods on Consumers' Assessment of Perceived Risk and Variability [J] . Journal of the Academy of Marketing Science, 1990, 18 (1): 51 -65.

[128] Nambisan, Satish and R. A. Baron. Virtual Customer Environments: Testing a Model of Voluntary Participation in Value Co - Creation Activities [J] . Journal of Product Innovation Management, 2009, 26 (4): 388 -406.

[129] Normann, Richard and Rafael Ramirez. Designing Interactive Strategy [J] . Harvard Business Review, 1993, 71 (4): 65 -77.

[130] Norton, Michael I. , Daniel Mochon and Dan Ariely. The IKEA Effect: When Labor Leads to Love [J] . Journal of Consumer Psychology, 2012, 22 (3): 453 -460.

[131] Novak, Thomas P. and Donna L. Hoffman. The Fit of Thinking Style and Situation: New Measures of Situation - Specific Experiential and Rational Cognition [J] . Journal of Consumer Research, 2009, 36 (1): 56 -72.

[132] Nuttin, Jozef M. Jr. Narcissism Beyond Gestalt and Awareness: The Name Letter Effect [J] . European Journal of Social Psychology, 1985, 15 (7/12): 353 -361.

[133] Nzengue, Bélinda Moutongho, Gilles N'goala and Dominique Kreziak. Customer Burnout and Customer Incivility in Service Settings: Examining the Potential Dark Side of Customer Participation in Service Delivery Process [M] . The 12th International Research Conference in Service Management, 2012.

[134] O'Curry, Suzanne and Michal Strahilevitz. Probability and Mode of Acquisition Effects on Choices between Hedonic and Utilitarian Options. Marketing

Letters, 2001, 12 (1): 37 - 49.

[135] Oliver, Richard L. Cognitive, Affective and Attribute Bases of the Satisfaction Response. Journal of Consumer Research, 1993, 20 (2): 418 - 430.

[136] Oliver, Richard L. Satisfaction: A Behavioral Perspective on the Consumer [M]. New York, NY, McGraw - Hill, 1997.

[137] Oliver, Richard L. and John E. Swan. Consumer Perceptions of Interpersonal Equity and Satisfaction in Transactions: A Field Survey Approach [J]. Journal of Marketing, 1989, 53 (2): 21 - 35.

[138] Okada, Erica Mina. Justification Effects on Consumer Choice of Hedonic and Utilitarian Goods [J]. Journal of Marketing Research, 2005, 42 (1): 43 - 53.

[139] Ouschan, Robyn, Jillian Sweeney and Lester Johnson. Customer Empowerment and Relationship Outcomes in Healthcare Consultations [J]. European Journal of Marketing, 2006, 40 (9/10): 1068 - 1086.

[140] Parasuraman A., Valarie A. Zeithaml and Leonard L. Berry. SERVQUAL Model: A Multiple - Item Scale for Measuring Consumer Perceptions of Service Quality [J]. Journal of Retailing, 1988, 64 (1): 12 - 40.

[141] Park C. Whan, Bernard J. Jaworski and Deborah J. Maclnnis. Strategic Brand Concept - Image Management [J]. Journal of Marketing, 1986, 50 (4): 135 - 145.

[142] Patterson, Paul G. and Tasman Smith. Relationship Benefits in Service Industries: A Replication in a Southeast Asian Context [J]. Journal of Services Marketing, 2001, 15 (6): 425 - 443.

[143] Payne A. F., Storbacka K. and Frow P. Managing the CoCreation of

Value [J] . Journal of the Academy of Marketing Science, 2008, 36 (1): 83 –96.

[144] Peppers, Don, Rogers and Martha. The One to One Future: Building Relationships One Customer at a Time [M] . Curseny/Doubleday, Inc. , 1993.

[145] Pham, Michel Tuan. Representativeness, Relevance, and the Use of Feelings in Decision Making [J] . Journal of Consumer Research, 1998, 25 (2): 144 –159.

[146] Pires G. D. , Dean A. and Rehman M. Using Service Logic to Redefine Exchange in Terms of Customer and Supplier Participation [J] . Journal of Business Research, 2015, 68 (5): 925 –932.

[147] Prahalad C. K. , Ramaswamy V. Co – opting Customer Competence [J] . Harvard Business Review, 2000, 78 (1): 79 –90.

[148] Prahalad C. K. , Venkat Ramaswamy. Co – Creation Experiences: The Next Practice in Value Creation [J] . Journal of Interactive Marketing, 2004, 18 (3): 5 –14.

[149] Ramirez, Rafael. Value Co – production: Intellectual Origins and Implications for Practice and Research [J] . Strategic Management Journal, 1999, 20 (1): 49 –65.

[150] Ratner, Rebecca K. and Barbara E. Kahn. The Impact of Private Versus Public Consumption on Variety – Seeking Behavior [J] . Journal of Consumer Research, 2002, 29 (2): 246 –257.

[151] Reinders, Machiel J. , Pratibha A. Dabholkar and Ruud T. Frambach. Consequences of Forcing Consumers to Use Technology – Based Self – Service [J] . Journal of Service Research, 2008, 11 (2): 107 –123.

[152] Revilla – Camacho M. , Vega – Vázquez M. and Cossío – Silva

F. J. Customer Participation and Citizenship Behavior Effects on Turnover Intention [J] . Journal of Business Research, 2015, 68 (7): 1607 – 1611.

[153] Richins, Marsha L. Valuing things: The Public and Private Meanings of Possessions [J] . Journal of Consumer Research, 1994, 21 (3): 504 – 521.

[154] Rodie, Amy Risch and Susan Schultz Kleine. Customer Participation in Services Production and Delivery [J] //Swartz, T. A. , Iacobucci, D. (Eds.) . Handbook of Services Marketing and Management [M] . Thousand Oaks, CA: SAGE, 2000: 111 – 125.

[155] Schlenker, Barry R. , Thomas W. Britt, John Pennington, Rodolfo Murphy and Kevin Doherty. The Triangle Model of Responsibility [J] . Psychological Review, 1994, 101 (4): 632 – 652.

[156] Sherry, John F. Jr. Dealers and Dealing in a Periodic Market: Informal Retailing in Ethnographic Perspective [J] . Journal of Retailing, 1990, 66 (2): 174 – 200.

[157] Shrum L. J. , Zhang Y. L. The Influence of Self – Construal on Impulsive Consumption [J] . Journal of Consumer Research, 2009, 35 (5): 838 – 850.

[158] Silpakit, Patriya and Raymond P. Fisk. Participatizing the Service Process: A Theoretical Framework [J] //Thomas M. Bloch, Gregory D. Upah, Valarie A. (Eds.) . Services Marketing in a Changing Environment [M] . Chicago: American Marketing Association, 1985: 117 – 121.

[159] Smith J. Brock and Mark Colgate. Customer Value Creation: A Practical Framework [J] . Journal of Marketing Theory and Practice, 2007, 15 (1): 7 – 23.

[160] Smith, Donnavieve, Satya Menon and K. Sivakumar. Online Peer and Editorial Recommendations, Trust, and Choice in Virtual Markets [J] . Journal

of Interactive Marketing, 2005, 19 (3): 15 -37.

[161] Sobel and Michael E. Asymptotic Confidence Intervals for Indirect Effects in Structural Equation Models [J] //Sociological Methodology (Eds.) . Samuel Leinhardt [M] . San Francisco: Jossey - Bass, 1982: 290 -312.

[162] Singelis, Theodore M. The Measurement of Independent and Interdependent Self - Construals [J] . Personality and Social Psychology Bulletin, 1994, 20 (5): 580 -591.

[163] Smith J. Brock, Mark Colgate. Customer Value Creation: A Practical Framework [J] . Journal of Marketing Theory and Practice, 2007, 15 (1): 7 -23.

[164] Solomon, Michael R. The Role of Products as Social Stimuli: A Symbolic Interactionism Perspective [J] . Journal of Consumer Research, 1983, 10 (3): 319 -329.

[165] Song, Jae H. and Carl R. Adams. Differentiation Through Customer Involvement in Production or Delivery [J] . Journal of Consumer Marketing, 1993, 10 (2): 4 -12.

[166] Srinivasan, Srini S. , Rolph Anderson and Kishore Ponnavolu. Customer Loyalty in E - Commerce: An Exploration of Its Antecedents and Consequences [J] . Journal of Retailing, 2002, 78 (1): 41 -50.

[167] Sternberg, Robert J. A Triangular Theory of Love [J] . Psychological Review, 1986, 93 (2): 119 -135.

[168] Stevens J. , Esmark C. L. , Noble S. M. and Na Y. L. Co - Producing with Consumers: How Varying Levels of Control and Co - Production Impact Affect [J] . Marketing Letters, 2017 (28): 1 -17.

[169] Stryker, Sheldon. Identity Salience and Role Performance : The Relevance of Symbolic Interaction Theory for Family Research [J] . Journal of Mar-

riage and Family, 1968, 30 (4): 558 -564.

[170] Stryker, Sheldon. Symbolic Interactionism: A Social Structural Version [M]. Menlo Park, CA: Cummings, 1980.

[171] Tajfel, Henri. Social Identity and Intergroup Behavior [J]. Social Science Information, 1974, 13 (2): 65 -93.

[172] Tajfel, Henri and John Turner. An Integrative Theory of Intergroup Conflict [J] //W. G. Austin & S. Worchel (Eds.). The Social Psychology of Intergroup Relations [M]. Monterey: Brooks - Cole, 1979: 33 -47.

[173] Taylor, Shelley and Jonathon Brown. Illusion and Well - Being: A Social Psychological Perspective on Mental Health [J]. Psychological Bulletin, 1988, 103: 193 -210.

[174] Thorbjornsen, Helge, Per E. Pedersen and Nysveen "This is who I am": Identity Expressiveness and the Theory of Planned Behavior [J]. Psychology and Marketing, 2007, 24 (9): 763 -785.

[175] Tian, Kelly Tepper, William O. Bearden and Gary L. Hunter. Consumers' Need for Uniqueness: Scale Development and Validation [J]. Journal of Consumer Research, 2001, 28 (1): 50 -66.

[176] Troye, Sigurd Villads and Magne Supphellen. Consumer Participation in Coproduction: "I Made It Myself" Effects on Consumers' Sensory Perceptions and Evaluations of Outcome and Input Product [J]. Journal of Marketing, 2012, 76 (2): 33 -46.

[177] Valenzuela, Ana, Ravi Dhar and Florian Zettelmeyer. Contingent Response to Self - Customization Procedures: Implications for Decision Satisfaction and Choice [J]. Journal of Marketing Research, 2009, 46 (6): 754 -763.

[178] Van Raaij, W. Fred and Ad Th. H. Pruyn. Customer Control and Evalua-

tion of Service Validity and Reliability [J] . Psychology & Marketing, 1998, 15 (8): 811 -832.

[179] Vargo, Stephen L. and Robert F. Lusch. Evolving to a New Dominant Logic for Marketing [J] . Journal of Marketing, 2004, 68 (1): 1 -17.

[180] Voss, Kevin E. , Eric R. Spangenberg and Bianca Grohmann. Measuring the Hedonic and Utilitarian Dimensions of Consumer Attitude [J] . Journal of Marketing Research, 2003, 40 (3): 310 -320.

[181] Walker, Beth A. and Jerry C. Olson. Means - End Chains: Connecting Products with Self [J] . Journal of Business Research, 1991, 22 (2): 111 -118.

[182] Wattana Kamolchai, Somyot. Managing Customer Participation in the Service Production Press [R] . Working Paper, 2009.

[183] White, Katherine and Darren W. Dahl. To Be or Not Be: The Influence of Dissociative Reference Groups on Consumer Preferences [J] . Journal of Consumer Psychology, 2006, 16 (4): 404 -413.

[184] White, Katherine and Darren W. Dahl. Are All Out - Groups Created Equal? Consumer Identity and Dissociative Influence [J] . Journal of Consumer Research, 2007, 34 (4): 525 -536.

[185] Wikström S. Value Creation by Company - Consumer Interaction [J] . Journal of Marketing Management, 1996, 12 (5): 359 -374.

[186] Woodruff, Robert B. Customer Value: The Next Source for Competitive Advantage [J] . Journal of the Academy of Marketing Science, 1997, 25 (2): 139 - 153.

[187] Wright, Peter. Customer Choice Strategies: Simplifying vs. Optimizing [J] . Journal of Marketing Research, 1975, 12 (2): 60 -67.

[188] Wu, Cedric Hsi – Jui. A Re – examination of the Antecedents and Impact of Customer Participation in Service [J]. The Service Industries Journal, 2011, 31 (6): 863 – 876.

[189] Xie, Chunyan, Richard Bagozzi and Sigurd Villads Troye. When Consumers Co – Produce: The Case of Prosumption [J]. Journal of the Academy of Marketing Science, 2008, 36 (3): 109 – 122.

[190] Yen, Hsiu Ju Rebecca, Kevin P. Gwinner and Wanru Su. The Impact of Customer Participation and Service Expectation on Locus Attributions Following Service Failure [J]. International Journal of Service Industry Management, 2004, 15 (1): 7 – 26.

[191] Yi, Youjae, Nataraajan, Rajan and Gong Taeshik. Customer Participation and Citizenship Behavioral Influences on Employee Performance, Satisfaction, Commitment, and Turnover Intention [J]. Journal of Business Research, 2011, 64 (1): 87 – 95.

[192] Yim, Chi Kin, David K. Tse and Kimmy Wa Chan. Strengthening Customer Loyalty Through Intimacy and Passion: Roles of Customer – Firm Affection and Customer – Staff Relationships in Services [J]. Journal of Marketing Research, 2008, 45 (6): 741 – 756.

[193] Zhang, Ying, Jing Xu, Zixi Jiang and Szu – Chi Huang. Been There, Done That: The Impact of Effort Investment on Goal Value and Consumer Motivation [J]. Journal of Consumer Research, 2011, 38 (1): 78 – 93.

[194] Zeithaml, Valarie A. Consumer Perceptions of Price, Quality, and Value: A Means – End Model and Synthesis of Evidence [J]. Journal of Marketing, 1988, 52 (3): 2 – 22.

[195] Zeithaml, Valarie A., Mary Jo Bitner and Dwayne D. Gremler. Servi-

ces Marketing: Integrating Customer Focus Across the Firm (4th Eds.) [M]. McGraw: Hill Irwin, 2006.

[196] 陈可，涂平. 顾客参与服务补救：基于 MOA 模型的实证研究 [J]. 管理科学，2014 (3): 105-113.

[197] 卢俊义，王永贵. 顾客参与服务创新与创新绩效的关系研究——基于顾客知识转移视角的理论综述与模型构建 [J]. 管理学报，2011，8 (10): 1566-1574.

[198] 彭艳君. 顾客参与量表的构建和研究 [J]. 管理评论，2010，22 (3): 78-85.

[199] 彭艳君. 旅游业顾客参与对服务失误归因及行为意向的影响研究——以旅游形式为调节变量 [J]. 营销科学学报，2011，7 (4): 72-58.

[200] 彭艳君. 国外自助服务补救研究述评 [J]. 中国流通经济，2015 (2): 65-71.

[201] 贾薇，张明立，王宝. 服务业中顾客参与对顾客价值创造影响的实证研究 [J]. 管理评论，2011，23 (5): 61-69.

[202] 简兆权，令狐克睿，李雷. 价值共创研究的演进与展望——从"顾客体验"到"服务生态系统"视角 [J]. 外国经济与管理，2016，38 (9): 3-20.

[203] 望海军. 顾客参与过程中的满意度研究 [J]. 中南财经政法大学学报，2009 (173): 101-107.

[204] 武文珍，陈启杰. 价值共创理论形成路径探析与未来研究展望 [J]. 外国经济与管理，2012 (6): 66-73.

[205] 钟振东，唐守廉，Vialle P. 基于服务主导逻辑的价值共创研究 [J]. 软科学，2014 (1): 31-35.